AF260730

SI CREES QUE PUEDES, PODRÁS

Una historia de superación y éxito

JOSUÉ A. ALFARO

2018

Dedicatoria

Quiero dedicar este libro a la memoria de mi abuelo Pablo Salmerón, a quien cariñosamente llamábamos Tita Pablo.

Mi abuelo fue un hombre excepcional, estricto, de carácter sólido y transparente en su accionar.

Jamás olvidaré sus enseñanzas y todo su aporte en mi formación como individuo. En su cabello blanco se reflejaba algo más que el paso de los años y de sus labios más que palabras emanaba sabiduría. Me enseñó a valorar y apreciar el trabajo, me inculcó sobre el hacer bien las cosas, respetar a mis semejantes y sobre todo a valorar la familia.

Sus valoraciones y consejos fueron ecuánimes y oportunos. Siempre fomentó la importancia del desarrollo personal y la perseverancia. Estoy seguro de que cada una de sus enseñanzas ha contribuido enormemente a ser el hombre que ahora soy.

ÍNDICE

PRÓLOGO .... Pág. 13

CAPÍTULO 1 .... Pág. 17
El poder de un sueño

CAPÍTULO 2 .... Pág. 27
Vale la pena soñar

CAPÍTULO 3 .... Pág. 39
Sueña en grande

CAPÍTULO 4 .... Pág. 59
Cómo superar los obstáculos

CAPÍTULO 5 .... Pág. 71
Cómo superar una crisis

CAPÍTULO 6 .... Pág. 87
Cuide su forma de pensar

CAPÍTULO 7 .... Pág. 105
El valor de los consejos

CAPÍTULO 8 .... Pág. 117
El valor de las experiencias

CAPÍTULO 9 .... Pág. 135
El poder de la perseverancia

CAPÍTULO 10 .... Pág. 149
Si crees que puedes, podrás

Agradecimientos

Deseo expresar mi agradecimiento:

A Dios, primeramente, por permitirme hacer realidad lo que un día fue un sueño, y que ahora se ha convertido en un libro, y poder así ser un ente de bendición a todo aquel que tenga la oportunidad de tenerlo en sus manos.

A mis padres y a mis hermanos, por siempre haber creído en mí, pero de una forma muy especial a mi hermano Héctor Noé, por cada una de sus aportaciones, las cuales han contribuido enormemente en el desarrollo de esta obra. A mi hijo Joel, por ese constante preguntar sobre el avance de este proyecto, lo cual me motivó a continuar trabajando hasta poder dar por terminada esta obra.

A mis pastores José Luis y Digna Romero, por cada uno de sus consejos y sugerencias, por haber estado a mi lado en momentos cruciales de mi vida, por haberme motivado a que ingresara a la universidad, lo cual eventualmente me llevaría a experimentar un desarrollo integral como individuo.

También agradezco a mis amigos. A Omar Guzmán, por su motivación para que culminara esta obra y por siempre estar disponible cada vez que le he necesitado, ya sea para compartir inquietudes personales o simplemente para escucharme. A Orlando Lemus, mi gran amigo. Orlando es el responsable número uno de este proyecto. Fue él quien despertó en mí la idea de escribir un libro. Cada vez que leía alguno de mis escritos publicados en Facebook me decía: "Tú deberías de escribir un libro", "¿y hasta cuándo vas a escribir un libro, pues?".

A Edwin González, por toda su paciencia, empeño y esfuerzo invertido en la edición y el mejoramiento del manuscrito, que finalmente se ha convertido en un libro. A Carolina Jaime, por su aporte en la diagramación, a Estefani Mendoza por su aporte en el diseño de portada. Al Dr Jose Carucci, por creer en este proyecto, por cada una de sus sugerencias las cuales le han agregado un inmenso valor a lo que ahora se ha convertido en un libro

A mi amada esposa Celia, por todo su apoyo y comprensión, por todo su aporte en la realización de este proyecto: sin su ayuda y contribución esta obra no hubiese sido posible.

A mi hija Rebecca Abigail, quien recientemente nació, pero que a su vez se ha convertido en la fuerza motriz que no solamente me inspira y motiva a dar lo mejor de mí, sino a ver el mundo de una manera diferente y a soñar más que nunca.

Y también a usted, que está leyendo estas líneas: le agradezco por acompañarme en este viaje de ideas y palabras. Es mi deseo que todo lo aquí escrito sea de mucha motivación y bendición para su vida.

SI CREES QUE PUEDES, PODRÁS

La experiencia documentada es algo que puede mostrar el camino hacia el éxito. Algo difícil es poder encontrar historias genuinas de éxito que puedan ser documentadas. Es decir, que se pueda comprobar su veracidad. Este es el caso de este libro, *Si crees que puedes, podrás*, ya que conozco personalmente a su autor. Josué Alfaro es un joven entusiasta y emprendedor, quien ha aprendido a correr riesgos en su camino al crecimiento. Conocí a Josué hace varios años, cuando yo estaba dictando una conferencia empresarial. Al conversar con él me di cuenta del deseo intenso que tenía de avanzar en su vida, de alcanzar grandes sueños y que estaba dispuesto a capacitarse para lograrlos, así como hacer todos los ajustes necesarios que se requerían para ir de un nivel a otro mayor. Esa disposición reflejaba su determinación de respaldar sus sueños con acciones, para pasarlos del deseo a la realidad.

Este libro describe una historia verídica de superación personal de un joven emprendedor que comienza en lo pequeño, pero que a través de los años va creciendo a niveles más grandes. No existen pequeños negocios, solo pequeños comienzos. Todo lo grande comienza en pequeño. Lo grande está dentro de nuestros sueños y luego se van manifestando a medida que vamos en pos de ellos.

Lo útil de este libro es que muestra cómo Josué pudo lograr hacer realidad sus sueños. En la actualidad necesitamos historias reales de éxito, que inspiren a muchas personas que como Josué están soñando con alcanzar cosas mayores.

Ellas necesitan conocer a otras personas que ya lo han logrado, para seguir sus huellas. La historia de Josué cumple con estos requisitos, porque puedo dar fe de que su historia es genuina y que lo que comenta en este libro ha sido el proceso por el cual él ha pasado, desde que llegó a Estados Unidos. Este libro es la historia de un joven que aceptó los desafíos que Dios le ha puesto en su vida, para que al vencerlos pudiera llegar hasta donde se encuentra en la actualidad, pero que de seguro seguirá creciendo a los niveles mayores que le esperan en el futuro.

Dr. José Carucci
Presidente Destinyway, Inc.

SI CREES QUE PUEDES, PODRÁS

Una historia de superación y éxito

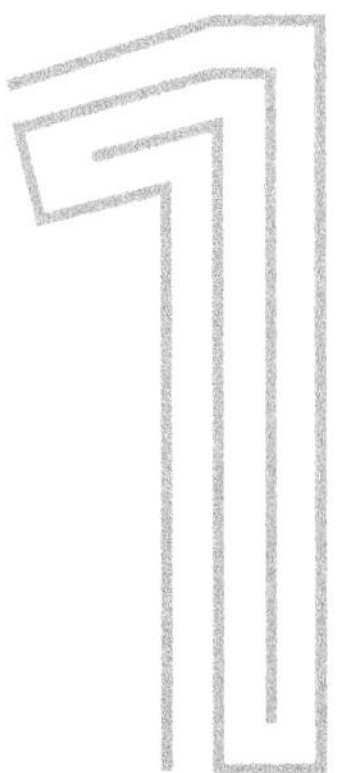

EL PODER DE UN SUEÑO

Un sueño es esa fuerza motriz que le da dirección y sentido a lo que se hace, nos ayuda a desarrollar nuestro potencial y a ordenar nuestras prioridades.

Todo sueño es realizable cuando se cree lo que se quiere y cuando se está dispuesto a trabajar en pro de ello, sin importar el precio a pagar.

CAPÍTULO 1

Corría el mes de marzo del año 1990, cuando de pronto algo cautivó mi atención, mientras veía a través del ventanal del restaurante para el cual trabajaba. Justo a unos cuantos pies de la puerta principal, se estacionaba un Mercedes-Benz S-Class. No sé por qué razón esto llamó tanto mi atención… quizás porque instintivamente me recordó el día en que llegué a la ciudad de Houston. Cómo poder olvidar ese día. Recuerdo que era un día viernes 2 de diciembre, del año 1988. Después de dejar mi tierra querida, por esas cosas de la vida que no siempre se suelen entender, ahora me encontraba expuesto a experiencias nunca antes vividas y a tener que tomar algunas decisiones que más que por conocimiento o experiencia eran el resultado de mi propio instinto, a causa de la necesidad en la que me encontraba.

Recuerdo que volé de la ciudad de Harlingen, Texas, al aeropuerto William P. Hobby de la ciudad de Houston. Esta fue mi primera experiencia en un avión y no entendí nada de lo que dijo el personal de vuelo mientras daban las instrucciones previas a nuestro despegue. Más que una experiencia emocionante era una sensación de nerviosismo, al saber que estaba dentro de un avión por vez primera; en ese momento cruzaban tantas cosas por mi mente, que era imposible concentrarme en las indicaciones que daba el personal de vuelo, a manera de información.

Recuerdo que una de las cosas que vino a mi mente en ese momento fue aquella imagen cuando yo era un niño: cada vez que escuchábamos el sonido de un avión salíamos corriendo al patio de la casa con los otros niños, para ver quién podría identificar aquel diminuto aparato más rápido, mientras este se ocultaba entre las nubes, porque probablemente estaba a más de 20,000 pies de altura… pero aun así conseguíamos identificarlos y mientras los veíamos no podíamos dejar de imaginar cómo estos serían por dentro. Nuestra imaginación duraba muy poco, pues pronto desaparecían de nuestra mirada entre las nubes y el insondable espacio.

Ahora me encontraba dentro de uno de ellos, mi corazón se aceleró mucho más de lo normal y mi nerviosismo era inevitable, ya que los aviones eran mucho más grandes de lo que los había imaginado. Era de noche y estaba muy nervioso, porque había escuchado que los aviones también se accidentaban. No quería pensarlo, pero me era inevitable recordar las imágenes que había visto en la televisión del transbordador espacial Challenger, que un par de años antes había explotado en pleno vuelo. El tiempo de vuelo de la ciudad de Harlingen a la ciudad de Houston es de aproximadamente una hora, pero en realidad para mí esa fue una de las noches más extensas de mi vida: veía las agujas del reloj y estas parecían no moverse, por lo que sentía que el tiempo se había paralizado. Por fin llegamos a la ciudad de Houston y mi ansiedad era tal, que ahora trato de imaginar cuál era mi apariencia, pues era un jovencito que aún no había cumplido sus 18 años de edad, cuando inicié toda esta aventura. Solo, en uno de los aeropuertos de la cuarta ciudad más importante, del país más poderoso del mundo, que justo dos semanas antes estaba ordeñando las vacas de mi abuelo escondido entre el monte y los animales, y ahora viendo para todos lados y sorprendido de ver cosas desconocidas hasta entonces, caminando entre tanta gente y sin poder comunicarme con nadie, ya que no me podía dar a entender a causa del idioma.

Para ese momento, mi ansiedad se torna en una verdadera angustia, porque yo estaba ansioso de ver a la persona que me recogería en el aeropuerto, pero no la veía por ningún lado;

y como para que mi experiencia fuese un poco más dramática, el tiempo pasaba y para mí los minutos se convertían en horas. Después de tanta espera y ansiedad, me di cuenta que la persona que iría por mí nunca apareció. No teniendo más opciones y recordando algunos de los consejos que mi abuelo con frecuencia nos compartía, recordé que en una ocasión me dijo: "Si algo falla en lo planeado, piensa qué más puedes hacer". Entonces me dije: "Tengo que hacer algo". Traté de hacer una llamada telefónica, busqué los teléfonos públicos, pero para agregarle una sensación más a mi angustiada experiencia, me entero que no traigo ninguna moneda.

Me sentí estar perdido en aquel lugar, sin saber qué hacer; no obstante, una vez más los consejos que alguna vez mi abuelo me dio, ahora en lejanas tierras se hacen presentes en mi mente. "Nunca digas que estás perdido, si hay más personas contigo". Esta fue la conclusión de una experiencia personal de mi abuelo, cuando a sus 17 años inmigró a la costa norte de Honduras, quien después de algunos días de camino se encontró en un momento de incertidumbre. Mi abuelo materno fue un hombre excepcional, cada una de sus sugerencias y aportaciones eran de gran valor, porque más que una sugerencia o consejo habían sido experiencias vividas, y tenía la sabiduría para saber cuándo y cómo aplicarlas.

Creyendo en aquella afirmación que mi abuelo en su momento me compartió, miré a mi alrededor y me acerqué a una elegante dama, a quien le pregunté: "Are you speak spanish?". No sé si mi nerviosismo era más por la forma rara en que aquella señora me miraba, o por mi atrevimiento en preguntarle algo de lo cual ni yo mismo estaba seguro de lo que estaba diciendo; la idea era preguntarle si hablaba español. Su respuesta fue: "Si, ¿en qué te puedo ayudar?". Recuerdo que se me olvidó lo que necesitaba, pero en fracción de segundos volví en mí y bien asustado le dije: "¿Me podría cambiar este dólar por monedas?". Enseguida metió su mano a su bolso y sacó dos monedas de 25 centavos y me las regaló.

Muy contento me fui y traté de hacer una llamada telefónica. Pero —como para que mi experiencia fuese inolvidable— no logré comunicarme con mis familiares y gasté mis dos monedas. Mi desesperación y angustia era tal, que yo caminaba de un costado a otro en aquella sala de espera; la señora que me regaló las dos monedas se acercó y me pregunto: "¿Estás bien?". "Sí", le contesté, pero la verdad ni yo mismo sabía cómo estaba, porque cada minuto que pasaba aquella sala iba quedando cada vez más vacía, y para esa hora lo único que mis ojos veían eran algunas personas con uniformes de alguna autoridad policial o de seguridad.

Aquella experiencia fue algo inolvidable para mí, porque no sabía qué hacer; sin embargo, había algo que yo tenía bien claro en ese momento y es que estar en aquel lugar no era seguro para mí. ¿Qué creen que hice? Me fui a sentar a una silla, justo a un lado de la señora que me regaló las dos monedas. Empezamos a platicar y le comenté lo que me estaba sucediendo, le dije que venía llegando de mi país, El Salvador. En ese momento, el nombre de mi país era muy popular a causa del conflicto armado que azotaba nuestro territorio. Me preguntó por mi mamá y muchas otras cosas, y yo como en un acto de confesión le platicaba algunas cosas que me habían ocurrido. Aquella señora casi lloraba mientras escuchaba mi historia. Ella me comentó que esperaba a su esposo, quien estaba por llegar de un viaje de negocios de la ciudad de San Antonio, Texas. Para entonces, ya casi eran las once de la noche.

Pasados algunos minutos, su esposo llegó: un señor alto, rubio y ojos azules con quien ella me presentó, y una vez ellos se disponían a abandonar el aeropuerto platicaban entre sí y me veían con ojos de compasión y misericordia, no sé si a causa de mi apariencia o del relato antes compartido con la señora. Inesperadamente, aquella noble pareja se detuvo y se regresaron, me preguntaron si tenía un número de teléfono de algún familiar para poder llamarle. Para esa hora ya eran pasadas las once y por suerte mi primo Obed Isaí contestó. Habló con ellos y les dijo en qué sector de la ciudad vivía, y para mayor sorpresa, esta noble pareja se dispuso a llevarme hasta el apartamento de mi primo.

Una vez llegamos al auto, recuerdo bien que era un auto muy espacioso color azul, era un Mercedes-Benz. Llegando a Houston y en un Mercedes-Benz. Era tan suave, que yo no salía de mi asombro y pensé: "¿será que algún día podré tener un carro de estos?". ¿Qué creen? Con el paso de los años me di cuenta que si crees que puedes, podrás.

Mientras continuaba limpiando la mesa lentamente, sin apartar la mirada de la ventana, el dueño del restaurante se acercó y me preguntó:

—¿Te gusta el carro?
—Sí, me encanta —contesté yo. Luego de unos instantes, me animé a preguntar: ¿Cuánto costarán?
—Un poco más de $40,000 (para esa fecha yo ganaba un poco más de $250 por semana).
—¿Tú crees que algún día podré comprarme un carro como ese?
—Si crees que puedes, podrás —me respondió.

Desde entonces, esa frase quedó grabada en mi corazón.

Cuando descubrimos el propósito de nuestra vida, también se entiende la razón del porqué estamos aquí y todo empieza a tener sentido. Nuestro propósito nos conecta con nuestros sueños. Un sueño es esa pasión interna que aun cuando no la hayamos revelado se mantiene latente en lo profundo de nuestro corazón.Un sueño es esa fuerza motriz que le da dirección y sentido a lo que se hace, y nos ayuda a desarrollar nuestro potencial y a ordenar nuestras prioridades.

Si desea tener algo que nunca ha tenido, tiene que estar dispuesto a hacer cosas que nunca ha hecho. Cuando reflexiono sobre mi vida, me doy cuenta que las cosas buenas que me han ocurrido son el resultado de unas cuantas decisiones arriesgadas, pero al mismo tiempo calculadas, que en su momento tuve que tomar.

Cada una de estas decisiones, en su momento, me infundía temor, incertidumbre, y parecía que eran demasiado arriesgadas las cosas que me proponía. Pero ahora, cuando veo hacia atrás, no me imagino qué habría sido de mí, de no haber asumido esos riesgos.

TODO SUEÑO DIGNO DE REALIZAR VALE LA PENA COMPARTIRLO CON OTROS.

Mark Twain dijo en una ocasión: "Dentro de veinte años estarás más desilusionado por las cosas que no hiciste, que por las que sí hiciste. Así que tira las sogas de proa y navega hasta salir fuera de la seguridad del puerto. Atrapa los vientos en tus velas y explora, sueña y descubre nuevos horizontes".

Es muy posible que una decisión valiente y determinada sea lo único que falte para que lo que ahora es un sueño se convierta en una realidad. Y esto puede ser algo tan sencillo como hacer una llamada telefónica, enviar un correo electrónico, mudarse de una comunidad a otra, o renunciar a todo aquello que le impide ser todo lo que sueñas ser.

Un sueño le da dirección y sentido a lo que hacemos. ¿Conoce a alguien que no teniendo idea de lo que quiere hacer en la vida y que a pesar de esto haya sido exitosa en algo en particular? Tener un sueño significa saber por qué hacemos lo que hacemos. Tener un sueño y trabajar en su realización es tan motivante: es como si estuviésemos de camino a un lugar nunca antes visitado, pero con un GPS en su mano, este nos marca la dirección exacta, dónde estamos y hacia dónde nos estamos dirigiendo; un GPS nos ayuda a evitar estar dando vueltas innecesarias y a la vez nos permite medir cuánto hemos progresado en nuestro camino hacia la meta trazada. Así son los sueños realizables, una vez trabajamos de verdad en su realización.

ESTOY CONVENCIDO QUE LO ÚNICO QUE SE INTERPONE ENTRE NOSOTROS Y NUESTRO DESTINO ES UN PEQUEÑO ACTO DE FE Y VALENTÍA.

Un sueño nos ayuda a desarrollar todo nuestro potencial. Un sueño es esa luz interna que nos motiva a continuar creyendo y ejercitando nuestras habilidades a pesar de los resultados, pero a su vez esta práctica continua nos permite experimentarnos y por ende desarrollarnos cada día más, al punto de volvernos profesionales en lo que hacemos. Cada dificultad a la que tenga que enfrentarse en el camino a la realización de sus sueños no es más que una oportunidad para exteriorizar ese talento interno que se está desarrollando en usted. Mientras mayor sea su sueño, mayor es el potencial que usted debe desarrollar. Paul Jovey, en una ocasión, dijo: "El mundo de un ciego está limitado a lo que toca; el mundo del ignorante queda dentro de los límites de su conocimiento; pero el mundo de un gran hombre, en los límites de su visión".

UN SUEÑO NOS AYUDA A ESTABLECER NUESTRAS PRIORIDADES.

Un sueño es esa determinación que le permite mantenerse viendo hacia un mañana esperanzador, pero que a su vez nos da la fuerza para enfrentarse a un presente de luchas y desafíos. Si quiere tener éxito y manejar sabiamente ese futuro incierto, renuncie a todo lo que represente entretenimiento y establezca prioridades en todo lo que hace. Si usted tiene un sueño, sea cual sea, debe de establecer prioridades que le permitan hacer las cosas con más facilidad y a la vez obtener mejores resultados. Identifique todo aquello que le impide avanzar hacia esa meta soñada y renuncie a todo lo que tenga que renunciar con el propósito de avanzar. Concéntrese en todo aquello que le acerque más a ese sueño y preste menos atención a todo lo que no contribuye con la realización de sus metas.

Si está pensando en comenzar su propio negocio o abandonar ese trabajo por uno mejor remunerado, o quizás cambiar de carrera o profesión, piense lo siguiente: es casi imposible eliminar los riesgos en su totalidad, pero también quiero que considere que por no correr ciertos riesgos hay oportunidades que se pueden perder para siempre. Shaquille O'Neal, en una ocasión mientras era entrevistado, dijo que uno de sus peores errores cometidos en relación con los negocios fue el haber rechazado la oferta que Howard Schultz, CEO de la compañía Starbucks, le ofreció para que comprase acciones en dicha compañía. Cuenta Shaquille que, mientras evaluaba aquella proposición, llegó a la siguiente conclusión: "Los negros no toman café". Aquella conclusión fue basada obviamente en lo que él veía en su familia y las personas con quienes él se relacionaba. Ahora él lamenta no haber tomado aquella oportunidad, ya que ahora casi en todas las ciudades de este país usted encuentra decenas de tiendas Starbucks, y no sólo en las ciudades de este país, sino en las de muchos otros países.

No tenga miedo de invertir en su futuro, arriesgue un poco ahora que tiene la oportunidad de hacerlo. Perder una oportunidad hoy, mañana pudiese representar esa pieza del rompecabezas que se le extravió, la cual dejará un agujero permanente en el rompecabezas de la vida. Y al final de la vida es muy posible que tenga que lamentar por las piezas que le faltan.

UN SUEÑO ES ESA LUZ INTERNA QUE NOS MOTIVA A CONTINUAR CREYENDO Y EJERCITANDO NUESTRAS HABILIDADES A PESAR DE LOS RESULTADOS.

VALE LA PENA SOÑAR

Soñar es gratis, dele libertad a su imaginación, porque las grandes oportunidades no siempre se ven con los ojos, sino con la mente.

Mientras la mayoría de personas se enfocan en el por qué no pueden hacer realidad sus sueños, yo prefiero pensar en que si otros pudieron, seguramente yo también podré.

CAPÍTULO 2

Pasados los años, y cuando el peso de la edad empieza a sentirse, es cuando como personas solemos ver hacia atrás. En la mayoría de los casos nos apena pensar en todas aquellas oportunidades que se nos presentaron y que lamentablemente nunca las aprovechamos. Pero el pasado no siempre es sinónimo de lamento: también hay razones y motivos para estar contentos y agradecidos. A finales del año 1999, alguien me prestó un libro que tenía por título *Tú también puedes soñar*. Una de las cosas que más me cautivó de este libro fue el título mismo. Debo admitir que para ese tiempo, el enfoque de mi vida no estaba centrado en ningún desafío personal que fuera más allá de mis propias posibilidades, o mucho menos en escribir un libro. Cada vez que recordaba el título de aquel libro era como una especie de lamento por no haber sido más diligente y conservar una copia, ya que por el título mismo era más que suficiente para desafiar a más de uno y confrontar a otros tantos. Su contenido se centraba en la superación personal. Recuerdo que algunas cosas de ese libro me fueron de gran utilidad.

Creo que no existe un ser humano que no sueñe con algo de interés en la vida. Los niños sueñan con tener ese juguete nuevo, los jóvenes con esas cosas que la moda innova con tanta frecuencia, los adultos con esa estabilidad económica y familiar, con un negocio propio y un futuro estable, libre de presiones financieras. Los mayores sueñan con su retiro y los lugares en los cuales pasarán sus vacaciones de verano y de invierno.

Leyendo algo sobre la superación personal me encontré con un artículo que relata la historia de lucha y éxito del actor de cine Sylvester Stallone.

Desconozco la autenticidad de dicho relato, pero no cabe duda que en él se muestran algunos principios de lucha y superación, y por ende una alta dosis de motivación que sin duda alguna distinguen a todo soñador. Aun cuando la realización de sus sueños parezca ser imposible, no deje de creer en su capacidad, porque si es capaz de pensarlo seguramente también será capaz de realizarlo. Nadie dijo que el camino a la realización sería fácil, pero seguro estoy que no es imposible.

Se dice que mientras Stallone luchaba por tener éxito como actor estaba frustrado, porque no tenía ningún resultado. En cierto momento, estaba tan desesperado que robó las joyas de su mujer y las vendió. Las cosas, lejos de mejorar se pusieron muy mal... tanto así, que terminó viviendo en la calle durante tres días, en una de las estaciones de autobuses en la ciudad de Nueva York. Su condición económica era tal, que no tenía dinero para pagar el alquiler o para comprar comida. Su punto más bajo llegó cuando quiso vender su perro a cualquier desconocido que pasara por la tienda de licores del barrio, porque no tenía dinero para poder comprarle comida. Finalmente lo vendió por solo $25. Cuando él ha tenido que contar esta historia lo ha hecho con lágrimas en sus ojos, porque recuerda lo difícil que fueron aquellos días.

> SOÑAR ES GRATIS Y NO HAY NADA DE MALO EN DARLE LIBERTAD A NUESTRA IMAGINACIÓN. ATRÉVASE A SOÑAR.

Dos semanas más tarde, mientras veía una pelea de boxeo entre Muhammad Ali y Chuck Wepner, surgió la inspiración para escribir el guion de lo que más tarde terminó siendo la famosa película de *Rocky*. Le tomó 20 horas para escribir aquel guion. Trató de venderlo y la primera oferta que recibió fue de $125,000. Pero él tenía una condición dentro de la oferta y es que él quería ser el protagonista de la película. Él quería ser el actor principal, del mismísimo Rocky. La respuesta a dicha proposición fue un NO. Ellos querían un actor "de verdad".

Se fue con su guion y unas semanas más tarde el estudio lo contactó y le ofreció $250,000 por el guion, a lo cual él se negó.

Finalmente le ofrecieron $350,000 a lo que también se negó, porque él quería estar en esa película. Después de un tiempo, el estudio cedió y aceptó, pero ahora ellos también tenían una condición para Sylvester Stallone, y esta era que solamente le darían $35,000 si él quería ser el protagonista principal del guion y el resto es historia.

La película ganó los famosos premios Óscar como Mejor película, Mejor dirección y Mejor montaje; incluso él también fue nominado a Mejor actor. La película *Rocky* sigue incluida como una de las más exitosas de la historia del cine estadounidense. Una vez que Stallone recibió el pago del guion, ¿sabe qué fue lo primero que compró con sus $35,000? Se fue en busca del perro que semanas antes había vendido. Sí, él quería mucho a su perro; tanto así, que esperó en aquella tienda de licores durante tres días al hombre a quien se lo había vendido. Corría el tercer día y él seguía esperando en aquella tienda, cuando por fin vio al hombre a quien le vendió su perro. Stallone le saludó y le explicó las razones por las que lo había vendido y le rogó que se lo revendiera, a lo cual aquel hombre se negó. Stallone le ofreció $100 y el hombre se negó. Entonces le ofreció $500 y aquel hombre se negó; incluso le ofreció $1,000 e incluso así aquel hombre se negó. Stallone terminó pagando $15,000 por el mismo perro que sólo unas cuantas semanas atrás había vendido por $25. Aquel mismo Stallone que durmió en la calle y que vendió a su perro, porque no podía comprarle comida, hoy en día es una de las estrellas más sobresalientes y reconocidas del cine norteamericano.

Estar en la ruina es duro y para algunos quizás demasiado duro, pero no deje de soñar, que nada le impida seguir visualizando un mejor mañana. Quizá usted esté pensando: "Pero yo no soy un actor y quizás nunca lo seré". Posiblemente usted tenga toda la razón, pero no deje de soñar, porque en la medida en que usted sueñe y actúe con base en lo que cree, cada una de esas ideas irá tomando forma y finalmente se convertirán en realidades.

"La vida es dura. La gente quiere tus productos pero no te quiere a ti, si no eres conocido y si no tienes contactos, o si no tienes mucho dinero es difícil hacerte notar. Pueda que tus esperanzas se vean frustradas y tengas que hacer grandes esfuerzos para sobrevivir, pero nunca dejes que tus sueños desaparezcan. Aun cuando te vuelvan la espalda sigue soñando. Cuando te cierran la puerta, sigue soñando.
La gente te juzga por cómo te ven y por lo que tienes, pero por favor sigue luchando, lucha por tu lugar en la historia, lucha por tu gloria". Sylvester Stallone.

NADIE SABE DE LO QUE USTED PUEDE SER CAPAZ, EXCEPTO USTED MISMO.

Cuenta la historia que un joven soñador llamado José era un chico que a sus 17 años de edad ya soñaba cómo quería ser cuando fuera grande. Un día José muy contento y emocionado quiso compartir sus sueños con su familia: reunió a su padre y a sus hermanos para contarles lo que él soñaba que sería cuando fuese adulto. La historia relata que su padre no entendiéndolo lo cuestionó y sus hermanos en lugar de felicitarle o alegrarse por lo que soñaba ser le trataron mal, al punto que le aborrecieron.

Los soñadores no siempre son populares. En algunos casos son malinterpretados, poco entendidos y hasta incomodan con sus ideas. No permita que nada ni nadie opaque su visión, porque no hay soñador pequeño ni sueño demasiado grande como para no creer que este pueda ser realizable. Creo que todo ser humano es soñador por naturaleza y por ende no hay persona que en algún momento de su vida no haya tenido un deseo o una ilusión, que más que un deseo o ilusión es un sueño que se incuba en su corazón.

Lo que para muchos hoy quizás sea una locura o quizás objeto de burla y señalamiento, envidia y desprecio, para usted quizás sea la razón de vida y lucha. Cual sea o haya sido su realidad, crea que vale la pena seguir soñando, porque lo que hoy en día para algunos sea razón de crítica y menosprecio posiblemente sea lo que mañana le catapulte a la cima y a la realización de sus metas.

Continúe visionando un mejor mañana, aun cuando no haya tenido los resultados que esperaba. Es muy posible que tenga una y mil razones para no querer seguir adelante, pero continúe trabajando, dando siempre lo mejor de sí, aun ante lo incierto y aun cuando aparentemente nada tiene sentido: siga adelante, porque sus mejores días pueden estar por venir, simplemente porque su final no ha llegado.

Yo le motivo a que se desafíe a usted mismo y crea en que vale la pena soñar. Soy la experiencia viva de un sueño, sé lo que es estar en el polvo mismo, sé lo que es tener que levantarse después de haber caído una y otra vez, sé lo que es quedar desorientado sin saber qué hacer ni adonde ir, o a quién consultar a raíz de un fracaso, pero también sé que nací para vivir y triunfar en esta vida. Más adelante hablaré de estas experiencias.

Soñar es gratis. Aun cuando soñar es gratis ningún sueño se materializa por una mera casualidad. Toda idea, todo sueño o proyecto requiere de arduo trabajo, inversión de recursos como tiempo y dinero, pero sobre todo mucha dedicación. Aproveche su tiempo al máximo. Se dice que el capital más importante que tenemos en la vida es precisamente el tiempo y sería una lástima no sacarle su mayor beneficio: aproveche su tiempo al máximo haciendo algo que le garantice que el día de mañana usted será mejor de lo que ahora es.

Se dice que el tiempo es como una moneda que todos en la vida recibimos, pero sin tener la posibilidad de obtener otra: y lo más importante de ello es que solo usted puede determinar la forma en que la gastará; por lo tanto, tenga mucho cuidado en no dejar que otras personas la vayan a gastar por usted.

Que nada le detenga, siga creyendo y dando siempre lo mejor de sí, porque al final del día se habrá dado cuenta que valió la pena soñar. Que de esas cosas con las cuales usted y yo soñamos hoy, el día de mañana se pueda decir "esto es el fruto de un sueño", al referirse a cada uno de aquellos logros realizados y que quizás para entonces serán el patrimonio de nuestros hijos o nietos, o tal vez de las generaciones que después de ellos vendrán.

Nuestros sueños deben de ser nuestra mayor motivación. La motivación es un ingrediente indispensable para la realización de cualquier meta, porque esta nos impulsa a comenzar. El emprender un proyecto no precisamente nos garantiza su éxito, excepto la experiencia de haberlo comenzado. El éxito es algo que requiere algo más que motivación. Para poder ver resultados satisfactorios en aquellas cosas que visionamos, se requiere dedicación y perseverancia. La perseverancia tiene que ver con terminar lo que empezamos, con dar más que promedios: la perseverancia implica darlo todo.

APROVECHE SU TIEMPO Y CADA OPORTUNIDAD QUE SE LE PRESENTE PARA CRECER Y DESARROLLAR TODO SU POTENCIAL.

No pierda su enfoque. Que nada le distraiga de esas cosas que para usted son relevantes. Si usted está comprometido con usted mismo y su superación, debe prepararse y autodisciplinarse cada día. Independientemente a lo que usted se dedique, ya sea estudios, trabajo o profesión, usted debe de saber que tiene que dedicar todo el tiempo que sea necesario a lo que hace o quiere ser. Trabaje en mejorar lo que día a día hace y no descanse hasta que pueda ver que su esfuerzo diario se ha convertido en un hábito. El hábito es lo que nos permite continuar aun cuando los resultados todavía no aparezcan. Un hábito no es más que todas aquellas costumbres que se adquieren por la frecuencia con la que se hacen las cosas, y por consiguiente esta repetición de prácticas forman hábitos que finalmente nos llevarán a la perfección de lo que hacemos, y entonces, y solo entonces, se habrá dado cuenta que valió la pena soñar.

Atrévase a soñar. Hay quienes sueñan de noche, pero que a la luz de un nuevo día tienen que despertar ante una apesadumbrada realidad y tienen que admitir que todo fue un sueño. Otros sueñan de día y por lo regular estos son arriesgados y aventurados, porque actúan con los ojos abiertos y no apartan la mirada de lo que quieren, no descansan en la ejecución de sus sueños, hasta que estos se convierten en esa realidad soñada. Incluso si nadie cree en usted o en sus sueños, vale la pena soñar. Pueda ser que en la vida todo y absolutamente todo le haya salido mal hasta el día de hoy, pero yo le animo a que nunca deje de creer en esa idea que Dios ha puesto en su corazón, porque al igual que la historia de José, Dios puede prosperarle y bendecirle, sin importar dónde y cómo se encuentre en el día de hoy.

Aun cuando su realidad sea confusa e incierta no deje de soñar: mantenga viva esa esperanza e ilusión. Manténgase creyendo y visualizando lo que su corazón desea, porque poco a poco, en la medida que crea y mantenga viva esa ilusión, Dios lo ayudará a desarrollar cada una de esas habilidades y talentos que Él le ha dado ya para la realización de sus sueños. Concéntrese en descubrir y desarrollar al máximo cada una de esas habilidades que Dios ha puesto en usted. Desarrolle su potencial al máximo y determine el curso de su vida estableciendo metas claras y medibles. Visualice un futuro que vaya más allá de lo que su realidad y el presente mismo le están mostrando. Visionar es tener una fotografía de mi futuro, desde el presente.

Que nada le detenga. No permita que la gente negativa o los comentarios y respuestas negativas le frenen. Aun cuando las experiencias vividas sean todo lo opuesto a lo esperado o planificado, no se rinda; después de todo, cada circunstancia tiene el valor que usted y yo le asignemos. Quienes ahora están en la cima o quienes mayores éxitos han alcanzado en esta vida, curiosamente también son quienes más fracasos y tropiezos han experimentado. Por lo tanto, siga adelante, que nada le detenga, porque aun de las experiencias negativas podemos aprender cosas positivas.

La mayoría de quienes se definen a sí mismos como soñadores son personas alegres y entusiastas, a pesar de los problemas saben sonreírle a la vida y antes de quejarse por una adversidad, tratan de encontrar algo positivo de cada experiencia negativa. No permita que nada le distraiga, no pierda su enfoque. El temor y la falta de resultados suelen ser enemigos mortales de todo soñador: que nada le distraiga.

Nunca se olvide de aquella ilusión que en algún momento fue su mayor fuente de inspiración, recuerde que para la gente que tiene metas y sueña con cosas grandes en la vida, cada oportunidad cuenta. Los soñadores se distinguen por ser optimistas, alegres y persistentes. Donde otros ven dificultades ellos ven oportunidades. Saben aprovechar el tiempo, al punto que en tiempo de vacas gordas prosperan, pero en tiempos de vacas flacas se multiplican.

SOÑAR ES PODER VER LO INVISIBLE.

Hay que aprender a ver las cosas que no son como si ya fuesen, porque soñar es ver mi futuro desde el presente. A José lo sacaron de su tierra como esclavo, lo vendieron como esclavo, lo trataron como esclavo, y a pesar de todo lo que en la vida tuvo que pasar, José nunca dudó de lo que a sus 17 años soñó que un día él llegaría a ser. La vida de este joven soñador estuvo marcada por diferentes circunstancias, al igual que muchos de nosotros que soñamos con un futuro mejor. Quizás usted hoy esté soñando con ser un profesional, con tener un negocio propio, con tener estabilidad financiera o familiar, y para que eso suceda usted sabe que tiene que esforzarse, y quizás sacrificar ciertas cosas. Siga trabajando en ello, pero que nada le impida soñar. Cual sea la realidad que hoy por hoy usted esté cruzando, no precisamente determina que ese será su futuro; por el contrario, su nivel de fe, compromiso y perseverancia es lo que realmente determinará sus sueños. José empezó muy mal: rechazado, mal entendido y despreciado. Cuando bien le fue, en su comienzo le metieron dentro de una cisterna; digo bien, porque pudo haber sido peor, ya que el plan original era quitarle la vida.

Ahora José está en la cisterna, sin poder moverse ni a la derecha o la izquierda, ni hacia adelante o hacia atrás; ahora sí que tocó fondo. Para un soñador, al igual que José, aun en medio de una situación tan agónica y amenazadora como esta, sabe que no todo está perdido; por el contrario, sabe que mientras haya vida, también existen las oportunidades. Las opciones para José no eran muchas; de hecho, en lo personal, creo que solo tenía dos opciones: la primera era levantar su mirada hacia arriba, porque en el interior de aquella cisterna no había nada que hacer, pero en el momento que levantara su mirada hacia arriba, se encontraría con un ilimitado espacio; la segunda era saber escuchar la voz de nuestro interior, porque mientras José veía hacia arriba, de pronto una voz interna que le decía no te des por vencido, no dejes de soñar, José, cree solamente. Recuerde que las grandes oportunidades no siempre se ven con los ojos, sino con la mente. La actitud y perseverancia de José hicieron posible que sus sueños se convirtieran en realidad. Sueños que ahora se constituyen en un medio de bendición para su familia y todo un pueblo.

Otra historia de un gran soñador, y muy inspiradora por cierto, es la historia del Dr. Patarroyo. Me fascina la historia de este científico colombiano: el Dr. Manuel Elkin Patarroyo. En el año 1983, junto a su equipo de trabajo, inició los trabajos de investigación para encontrar una vacuna contra la malaria. Después de algún tiempo de investigaciones logró su objetivo, encontrando por fin una vacuna que se constituyese en la cura para la mortal enfermedad. Al Dr. Patarroyo le tomó más tiempo convencer a la ciencia de la veracidad de su descubrimiento, que el tiempo que le tomó descubrir la fórmula para la vacuna que por fin traería esperanza y aliento a quienes padecían de la mortal enfermedad.

Lamentablemente la envidia de otros investigadores y las intenciones de algunos individuos, que movidos por intereses económicos al igual que la industria farmacéutica, fueron sus mayores opositores. Tristemente nuestra sociedad está saturada de personas que carecen de sensibilidad ante el dolor y la necesidad de nuestros semejantes, y mientras el orgullo, la avaricia y el egocentrismo continúen dominando los sentimientos de estas personas, el trabajo de los soñadores se hará más pesado, pero no imposible.

Tuvieron que pasar algunos años para que el esfuerzo y el descubrimiento del Dr. Patarroyo fuese reconocido como la vacuna oficial contra la malaria. Una vez la vacuna fue reconocida oficialmente también aparecieron las jugosas ofertas por su patente. Pero el Dr. Manuel Patarroyo, en un acto de altruismo, sorprendió a muchos, incluyendo a sus opositores, cuando anunció que donaría la patente de la vacuna, en nombre de su país Colombia, a la Organización Mundial de la Salud (OMS), beneficiando así a millones de personas alrededor del mundo con su acto de generosidad.

> SUEÑE EN GRANDE, PORQUE LA VIDA ES DEMASIADO CORTA PARA SER PEQUEÑO.

Vale la pena soñar. Al igual que Sylvester Stallone, crea en sus sueños, no se rinda y persista en ello, que aun cuando la gente quizás se interese solamente en sus talentos y no en usted, sepa que más temprano que tarde alguien creerá en usted, pero no se dé por vencido.

Es posible que al igual que José o el Dr. Patarroyo se encuentre con personas que traten de obstruirle su paso a la realización, pero no se rinda, siga adelante, no se dé por vencido; por el contrario, continúe su lucha por hacer realidad sus sueños. El lograr que nuestras metas se conviertan en realidad, más que un logro personal, es el hecho de saber que nuestro esfuerzo también puede constituirse en bendición para otras personas, sobre todo para aquellos que dependen de lo que sólo otros pueden hacer por ellos. Vale la pena soñar, asegúrese que en la realización de sus sueños también otros puedan ser beneficiados.

SUEÑE EN GRANDE, PORQUE NO HAY SOÑADOR PEQUEÑO, NI SUEÑO DEMASIADO GRANDE COMO PARA NO CREER QUE PUEDE SER REALIZABLE.

SUEÑA EN GRANDE

Soñar en grande es creer que las limitaciones no existen. Soñar en grande es tener la valentía de poder mirarse a sí mismo en la cima, aun cuando hoy esté caminando en valles movedizos e inciertos.

Si Dios le ha dado la capacidad de soñar, crea que de seguro también le dará las habilidades para poder hacer realidad cada uno de sus sueños.

CAPÍTULO 3

Hay cosas en la vida que parecen ser inalcanzables, sueños que parecen imposibles de realizar y metas que se ven demasiado distantes y que son capaces de desmotivar hasta al más optimista, sobre todo cuando la falta de resultados habla a través de la razón.

Sea cual sea su realidad, continúe soñando. El mundo está lleno de historias de hombres y mujeres que un día soñaron que podían hacer realidad sus sueños y en efecto lo hicieron. Temprano o tarde usted se encontrará o escuchará la historia de un soñador; de hecho, usted está leyendo una de esas historias.

Mi deseo es que cuando usted tenga que ver a su alrededor y sienta no poder más, a causa de la opresión y todo aquello que posiblemente haga que su realidad se complique mas cada día, piense que si otros pudieron seguramente usted también podrá. Cuando sienta que las cosas en lugar de mejorar empeoran sin importar cuánto usted se esfuerce por mejorar dicha situación, piense en las historias de aquellas personas que a pesar de las dificultades, luchas y pruebas consiguieron hacer realidad sus sueños.

Es muy posible que la historia de superación y éxito que más le haya motivado sea justo el relato de alguien que tuvo que pasar por situaciones muy similares a las que usted está pasando en este momento, con la diferencia que su protagonista tuvo que pasar por situaciones o condiciones aún peores a las que usted está cruzando, y sin embargo, el final de dicha historia dice que con sacrificio, perseverancia y lucha logró lo que un día se propuso.

Es casi seguro que cuando meditamos o escuchamos una de esas historias algo cambiará en nuestro interior. Nuestra percepción o forma de pensar es afectada de una forma positiva, cuando escuchamos una historia de superación de alguien que en dado momento estuvo en circunstancias similares a las nuestras, y es entonces cuando comenzamos a soñar en grande, al punto de ver que lo imposible se vuelve posible.

¿Qué es soñar en grande? Soñar en grande es poder ver las posibilidades antes que los problemas. Es poder ver la realización antes del fracaso, es creer que puedo superarme y hacer las cosas mejor de lo que las estoy haciendo. Es creer que ante la determinación las limitaciones no existen. Es tener la valentía de poder mirarse a sí mismo en la cima, aun cuando hoy estemos caminando en valles movedizos e inciertos.

Soñar en grande es creer que yo nací para triunfar en la vida y que Dios ya puso en mí todas las habilidades y talentos necesarios para mi realización. Es saber que si trabajo diligentemente en desarrollar cada uno de mis talentos y habilidades al máximo, seré capaz de realizar todo lo que me he propuesto en la vida y aún más. Vale la pena soñar en grande, porque cuando se cree y ama lo que se hace es casi imposible no tener éxito en ello. Nuestros sueños no son más que el reflejo de esa grandeza interna y de lo mucho que somos capaces de imaginar. Hay personas que lamentablemente nunca serán más de lo que son capaces de pensar, y por ende no irán más allá de lo que son capaces de imaginar. Dele libertad a su imaginación: la mayoría de pintores, decoradores, cocineros, entre otros, y todos aquellos quienes han llegado a

> CUANTO MÁS ALTAS SEAN SUS METAS Y SUS EXPECTATIVAS, SEGURAMENTE SUS DÍAS SE VOLVERÁN MUCHO MÁS INTERESANTES.

su vocación, es precisamente porque en dado momento de sus vidas le dieron libertad a su imaginación. En una ocasión, mientras hablaba con mi hermano Noé, me compartía algo sobre los sueños y me dijo: "Quien dice tener un sueño debe de vivir, trabajar y pensar a la altura de sus sueños, porque de lo contrario es sólo una ilusión". Vaya qué gran verdad esta; es por ello que creo que, si en realidad deseamos hacer realidad nuestros sueños, es necesario preguntarse: ¿Qué tan comprometido estoy con lo que hago? ¿Cómo estoy reaccionando ante mis asignaciones o compromisos? ¿Tengo un plan de acción que me garantice la realización de mis metas?

CUANDO SE AMA LO QUE SE HACE Y EL COMPROMISO ESTÁ POR ENCIMA DE CUALQUIER SENTIMIENTO, ENTONCES Y SOLO ENTONCES SE ESTARÁ PREPARADO PARA TENER ÉXITO EN LO QUE SE HACE.

A mis 20 años soñaba con un Mercedes-Benz Clase S, pero pasado el tiempo me di cuenta que puedo soñar con cosas más importantes y grandiosas que sólo un auto. La vida es una escuela en sí, porque ella nos enseña tantas cosas en ese ir y venir del día a día. Curiosamente también hay personas que resisten a aprender esas experiencias y la evidencia de ello es que están exactamente en el mismo lugar de hace 20 años o más. Otros se jactan al decir que saben mucho afirmando haber aprendido de esas lecciones dolorosas que la vida da, y de los errores del pasado; lastimosamente no hay mayor evidencia que eso sea cierto, pues sus actitudes hablan más que sus propias palabras. Hace algún tiempo, leyendo algo sobre el aprendizaje, aprendí que este tiene dos fines.

1. El aprendizaje se puede convertir en mero conocimiento.
2. El aprendizaje le puede llevar a la acción y esta eventualmente a su realización.

Hay personas que tienen mucho conocimiento, pero lamentablemente muy poca visión y casi nada de aplicación. No es tanto lo que sabemos o cuánto hemos aprendido, sino lo que estamos haciendo con ello. Para todos aquellos que han determinado soñar en grande, deben de saber que el conocimiento no precisamente es sinónimo de éxito: es la aplicación del conocimiento la que eventualmente le llevará a obtener esos resultados deseados. Soñar en grande implica saber valorar el tiempo. Con el tiempo se determinan muchas cosas, ya sean logros o fracasos, victorias o derrotas, aciertos o desaciertos.

Leyendo algo relacionado al tema, me encontré con este dato que habla sobre la importancia del valor del tiempo, que dice lo siguiente:

"Para darse cuenta del valor de un año, hay que preguntarle a un estudiante que ha fallado en un examen final. Para darse cuenta del valor de un mes, hay que preguntarle a una madre que ha dado a luz a un bebé prematuro. Para darse cuenta del valor de una semana, hay que preguntarle al editor de un diario semanal. Para darse cuenta del valor de una hora, pregunte a los novios que esperan para poder verse. Para darse cuenta del valor de un minuto, hay que preguntarle qué siente aquella persona que ha perdido el tren, el autobús o el vuelo de un avión. Para darse cuenta del valor de un segundo, pregúntele a la persona que ha sobrevivido a un accidente mortal. Para darse cuenta del valor de un milisegundo, hay que preguntarle a una persona que ha ganado una medalla de plata en las olimpiadas".

SOÑAR EN GRANDE ES SABER APROVECHAR BIEN EL TIEMPO.

Aproveche el tiempo al máximo, porque este no detiene su marcha y tampoco espera a nadie. Atesore cada momento aprendiendo algo nuevo cada día. El tiempo es experto en revelar de qué realmente estamos hechos y cuál es el pensamiento más dominante en nuestra mente. Con el tiempo suelen revelarse todas aquellas cosas que hay en nuestro interior. Con el pasar de los años poco a poco nos acercamos a nuestros sueños o igual nos alejamos de ellos.

Nunca pierda de vista lo que un día soñó ser. Nuestra visión determina qué tan lejos o cerca estamos de la realización de nuestras metas. Mientras la visión le permite contemplar lo que se ha propuesto realizar, es la actitud la que determina qué tan fácil o complicado será el proceso. Los procesos suelen disfrazarse de temores, inseguridad y miedo, pero con determinación y entrega, poco a poco empezará a ver los frutos de lo que un día fue un sueño, y que ahora va tomando forma y estructura. Mantenga una actitud positiva aun en los momentos más inciertos de la vida, porque ésta seguramente le llevará a ver la vida desde otra óptica y por ende menos complicada.

Una actitud positiva nos permite entender que cuantas más altas son nuestras metas y expectativas, nuestros días se vuelven mucho más interesantes. Una actitud positiva tiene que ver con saber mirar lo bueno dentro de lo malo, tratar de obtener los mejores resultados aun de las peores situaciones y al mismo tiempo disfrutar lo que hacemos, ya que no depende tanto lo que hacemos, sino del cómo lo hacemos. El convertirse en una persona positiva y optimista no solamente le permitirá mantener el entusiasmo en lo que hace, sino que seguramente nunca tendrá que quejarse por falta de oportunidades, sino que todo lo contrario: las oportunidades le seguirán.

> EL TIEMPO NO LE ACERCA A SUS SUEÑOS: ES LO QUE USTED HACE EN SU TIEMPO LO QUE LE LLEVA A ELLOS.

Soñar en grande es estar dispuesto a darlo todo. Hace algunos años recuerdo haber visto una entrevista que le hicieron al entrenador de fútbol Helenio Herrera. Mientras le preguntaban algo sobre el rendimiento de ciertos jugadores, él respondió: "Quien no lo ha dado todo no ha dado nada". Recuerdo el impacto interno que causó aquella expresión, y es que no cabe duda que dentro de esta hay grandes verdades y un verdadero desafío. Vivimos en una sociedad que cada vez se vuelve más exigente, porque la gente ya no está dispuesta a pagar por promedios. Por lo tanto, quien no es capaz de darlo todo es como si no hubiera dado nada.

Es un hecho que todos podemos soñar, pero lamentablemente no todos despiertan de su sueño. Para poder ver la realización de cada una de las metas que en la vida se ha trazado, usted necesita saber que se requiere algo más que soñar: es necesario estar dispuesto a dar lo mejor de sí.

Aun cuando para algunas personas lo que para usted es un sueño suene a locura, siga creyendo y dando lo mejor de sí, porque su recompensa no precisamente se encuentra en los resultados, sino en el esfuerzo mismo cuando este es total. No permita que el temor y la falta de resultados le desanimen, no permita que nada le distraiga. Soñar en grande es poder ver más allá de la realidad, es poder ver lo invisible. Dé lo mejor de sí, porque cuando el esfuerzo invertido es total, esto equivale a una victoria completa. Admiro y valoro la actitud de aquellos que aun en medio de los problemas y la adversidad tienen la valentía de sonreír y fijar su mirada en aquellas cosas que van más allá de cualquier limitación, creyendo en la posibilidad de un mejor mañana.

No importa qué tan grande sean sus sueños, si usted está dispuesto a trabajar en ello, preparándose cada día, crea que más temprano que tarde los frutos de su esfuerzo le sorprenderán. Nunca se dé por vencido, aun cuando todo vaya mal; deposite su fe y confianza en Dios y prepárese desarrollando cada una de esas habilidades que Él ha puesto en usted.

Para los soñadores la resignación no es una opción; por el contrario, estos sacan fuerzas de donde no existe y en la medida que trabajan en sus metas encuentran esa fortaleza y esperanza que les permite continuar soñando, a pesar de lo incierto.

Cuando sienta no poder más ya, cuando las posibilidades se han limitado, cuando sienta no saber qué hacer ante la presión y los compromisos, cuando la razón vea a través de sus ojos, recuerde y piense en las historias de todos aquellos que en algún momento de sus vidas también estuvieron en una situación igual o peor que en la que usted se encuentre hoy, pero que su final ha sido de gran inspiración.

Piense: ¿qué sintió Albert Einstein cuando en la escuela le consideraban como un niño con problemas de comunicación y aprendizaje? Ese mismo niño, años más tarde, se convirtió en uno de los científicos más prominentes que este planeta ha conocido.

Piense: ¿qué sintió Henry Ford después de sus primeros 19 intentos fallidos, al tratar de hacer su sueño realidad? Pero Henry nunca desistió de su idea; tanto así, que esa idea hecha realidad ahora le ha hecho la vida más práctica a millones de personas alrededor del mundo.

Piense: ¿qué sentiría Thomas Edison cuando aquella maestra en la escuela le dijo: "Eres tan tonto, que nunca serás capaz de aprender nada"? Ese mismo niño, años más tarde, se convierte en aquel gran científico que con su perseverancia no sólo inventó el bombillo eléctrico, sino que con sus innumerables inventos bendijo al mundo entero.

Preguntémosle a Edmund Hillary: ¿qué le hizo pensar en hacer tan desafiante declaración, cuando de regreso a Londres le tenían preparada una gran recepción para que hablase de su experiencia de haber tratado una vez más de escalar el Everest? Detrás de aquella plataforma había una gran fotografía del monte Everest. Hillary se volteó hacia la fotografía y exclamó: "Monte Everest, tú nos has vencido; pero volveré y yo te venceré, porque tú no puedes hacerte más grande, pero yo sí".

Preguntémosle a Nick Vujicic: ¿qué le hizo pensar que algún día podría llegar a ser lo que ahora es, cuando ni siquiera tiene pies ni manos?

No sé cuál sea su realidad… pudiese ser que sea al igual que la de Albert Einstein, que usted tenga problemas con ciertas habilidades, o quizás al igual que Henry Ford ha invertido todo su capital una y otra vez sin obtener ningún resultado, o posiblemente como Thomas Edison, que quien se suponía que le ayudase y creyese en usted le ha decepcionado. A lo mejor al igual que Nick, que provocamos lástima a los ojos de quienes ven nuestra condición.

Sea cual sea su realidad, nunca se dé por vencido. No renuncie a ese sueño, siga creyendo. Después de todo, la realidad no es más que el hecho verídico de algo, pero la verdad es que si crees que puedes, podrás. Para Dios no es difícil poder hacer milagros: es más difícil encontrar quien crea que Él quiere hacerlos. Que nada le distraiga, no se rinda, trabaje y persista, dé lo mejor de sí, que en la medida que esté dispuesto a darlo todo, los resultados esperados aparecerán.

NO OLVIDE QUE QUIEN NO ES CAPAZ DE DARLO TODO, ES COMO SI NO HA DADO NADA.

Soñar en grande es seguir y creer en lo que hago, a pesar de los resultados. No permita que el desánimo y la falta de resultados terminen con sus sueños, y con esa ilusión que en algún momento fue su mayor fuente de inspiración. No pierda el tiempo quejándose o buscando causas del por qué la falta de resultados. Concéntrese y enfóquese en lo que sueña ser, trabaje en corregir los errores del pasado, pero prepárese para los desafíos del mañana y las oportunidades que este traerá consigo.

Seguro que en el camino hacia la realización se encontrará con momentos muy emotivos, como también momentos de sinsabores. El camino hacia la cumbre no siempre estará cubierto de rosas. A veces suele tener más espinas que rosas. No siempre estará libre de obstáculos, pero continúe y avance hacia esa meta trazada. Sea cual sea el obstáculo, o los retos que tenga que enfrentar, antes de desistir piense que eso es solamente parte de su proceso.

Martin Luther King, Jr. en una ocasión, hablando acerca de la importancia de avanzar, dijo lo siguiente: "Si no puedes volar, entonces corre; si no puedes correr, entonces camina; si no puedes caminar, entonces arrástrate; pero hagas lo que hagas, sigue moviéndote hacia adelante".

Soñar en grande es saber mantener vivos sus sueños. Mantener vivos sus sueños implica tener una visión clara de lo que se quiere. Tanto la disciplina, arduo trabajo y determinación propia son ingredientes que vitalizarán sus sueños. No siempre se podrá depender de otras personas cuando de lograr sus objetivos se trata, porque difícilmente alguien hará lo que a usted le corresponde hacer: esto implica que debe involucrarse trabajando personalmente en la realización de sus metas. No permita que la falta de recursos sea una limitante y que estos le impidan soñar con cosas grandes en la vida.

La vida se vuelve más interesante cuando se alberga la esperanza de un mejor mañana y se cree en la posibilidad de poder hacer realidad nuestros sueños. Mi abuelo contaba una historia de cuando él era joven y fue a trabajar a la costa norte de Honduras. Contaba mi abuelo que un buen día, después de haber almorzado, se recostaron a descansar un poco para luego continuar con su tarea. Mientras conversaba con sus compañeros observaron una enorme cantidad de astas de árboles para aserrar madera, listas para ser transportadas, y uno de sus compañeros exclamó: "Cómo quisiera que una de estas trojas de madera fuera mía". Aquella expresión cautivó el pensamiento de mi abuelo llevándolo a una conclusión, la cual no dudó en compartirla: "Bueno, hombre, si vas a desear una, ¿por qué no las deseas todas?".

Siga soñando y creyendo que cosas grandes sucederán en su vida, en la medida que mantenga vivos sus sueños y se atreva a pensar en grande. Crea que todo aquello que usted sea capaz de pensar, seguramente también será capaz de realizarlo.

Soñar en grande es divertido, pero a la vez es un verdadero desafío. Como lo mencioné en los capítulos anteriores, es posible terminar siendo objeto de burla o menosprecio por el simple hecho de soñar con cosas grandes en la vida.

Soñar en grande tiene ciertas ventajas. Una de ellas es que soñar en grande lo obliga a dar más de lo que usted mismo creía ser capaz de dar. Si sus metas son muy conservadoras es posible que el esfuerzo a invertir no requiera de un mayor grado de sacrificio; por lo tanto, esto no le obligará a hacer nada extraordinario. No limite su crecimiento y desarrollo personal o profesional: sueñe en grande.

Randy Pausch, en su libro *La última lección*, dice: "Si no consigues tus sueños, puedes todavía conseguir mucho tratando de hacerlo". El hecho de que hasta ahora no haya realizado todo lo que se ha propuesto en la vida, no quiere decir que no puede disfrutar lo que hace. La verdadera satisfacción no precisamente está en el resultado final, sino en el hecho mismo de atreverse a iniciar algo que va más allá de sus propias posibilidades. En algún libro leí o a alguien le escuché una frase que me cautivó tanto y que ahora se ha convertido en una de mis frases favoritas: "Lo que ahora es grande, un día fue pequeño".

Recuerdo que mientras mi esposa y yo regresábamos de Europa, de nuestro viaje de luna de miel en un vuelo directo desde la ciudad de Londres hasta la ciudad de Houston, Texas, no podía dejar de pensar en la historia de los hermanos Wright. Se dice que los hermanos Wright, los pioneros de la aviación tripulada, se estrellaron 156 veces antes de hacer el primer vuelo exitoso. No cabe duda que lo que ahora es grande un día fue pequeño, ya que ahora no sólo se acortaron las distancias, sino que también podemos disfrutar de 10 o más horas de vuelo directo, gracias a que un día alguien soñó que eso era posible.

La historia de Henry Ford es muy inspiradora, porque a pesar de intentar y fallar una y otra vez nunca se dio por vencido.

¿Sabe por qué llamó a su auto el Ford T? Porque se dice que empezó por el A, el B, el C y después de 19 intentos fallidos consiguió lo que se había propuesto en el Ford T. Mantenga vivos sus sueños, que nada le desmotive, siga creyendo y trabajando en lo que se ha trazado, aun cuando para otras personas sea algo insignificante, puede estar seguro que un día llegará a ser una realidad, si se mantiene creyendo en ello.

Soñar en grande implica evaluar y planificar detalladamente lo que se quiere. Muchas personas fracasan en el desarrollo de sus planes y metas, a causa de la impaciencia y por querer resultados antes de tiempo. A eso yo le llamo el peligro de ir muy de prisa, porque toda meta realizable, aun cuando esta tenga el potencial de crecer y desarrollarse, también tiene la posibilidad de morir. Evalúe detalladamente lo que hace y establezca metas a corto plazo: esto es importante, porque estas le permitirán mantener la motivación a largo plazo. Las metas a corto plazo son indispensables, porque le permiten ver resultados que sin duda alguna le motivarán a continuar en esa lucha del día a día. Son como el combustible que le permite mantenerse en marcha.

SOÑAR EN GRANDE ES PODER VER LA POSIBILIDAD ANTES QUE EL PROBLEMA, ES PODER VER LA REALIZACIÓN ANTES DEL FRACASO.

¿Por qué algunos proyectos, que aun cuando eran prometedores, no fueron fructíferos? Parte del problema surge en los métodos o en el procedimiento al momento de desarrollarlo. Eso es como cuando la cocina de un restaurante compra el producto de mejor calidad en el mercado, pero a este no se le da el procesamiento correcto: es casi seguro que cuando este producto llegue a la mesa no llenará las expectativas del cliente. Vivimos en una sociedad que cada día se vuelve más exigente y que a su vez demanda una mejor calidad en sus productos y servicios, y que no está dispuesta a pagar por promedios. A esta realidad, agréguele que a la vuelta de la esquina la competencia se toma su trabajo en serio, al punto que no está dispuesta a sacrificar la calidad de su producto, porque entiende perfectamente las exigencias de sus clientes.

Si usted está pensando en competir con un producto nuevo o desconocido, en un mercado saturado y competitivo, y donde la competencia está comprometida con lo que hace, usted tiene que saber que solo hay una forma de tener éxito en su idea y esta es dándole al cliente algo más de lo que este espera. Ese plus, que la competencia no les está dando a sus clientes, para usted no es una opción. Es ese plus lo que precisamente le convertirá a usted y su idea en algo único y extraordinario. Si desea tener algo que nunca ha tenido, también tiene que saber que tiene que estar dispuesto a hacer cosas que nunca ha hecho.

Cuando se tiene claro lo que se quiere, también se debe de estar dispuesto a dar ese extra que los demás no están dispuestos a dar. Camine esa milla extra y seguramente esa acción lo llevará a obtener el éxito deseado. Invierta todo el tiempo que sea necesario para hacer una evaluación detallada del proyecto a emprender, elabore un plan de trabajo que le permita medir paso a paso el desarrollo de este y seguramente su experiencia será una experiencia exitosa. Hoy en día vivimos en una era donde todo lo queremos ya. Algunos le llaman la era del "Microwave". Estaciones de servicio convertidas en tiendas de conveniencias y hasta con renta de películas, "tollways" para evitar la congestión vehicular, restaurantes de comidas rápidas como nunca antes, supermercados y tiendas de conveniencia con sistemas de "self-checkout", etc. Es una era donde las exigencias y demandas cada día crecen más y más, tanto así que lo hemos hecho una cultura del ya. Una cultura que está afectando a mucha gente, porque con el fin de obtener lo que queremos o de llegar rápido a determinado destino se está exigiendo demasiado y a su vez pagando un alto precio. En cierto sentido, todo esto es como si estuviésemos yendo en contra de lo natural: al no entender este principio podemos caer en el afán de querer ver resultados de una forma inmediata y cuando los resultados no aparecen tal como se suponía, entonces surge la frustración y lamentablemente muchos optan por abandonar sus sueños, por no haber sido lo suficientemente pacientes. El resultado, al igual que los frutos, es algo que no precisamente se puede exigir.

El fruto es el resultado de un proceso, el cual requiere mucha paciencia, y cuando por fin este aparece debe continuar siendo paciente en esperar que este madure, porque de lo contrario, si lo corta antes de tiempo, perderá su color y su sabor y aun cuando este no deja de ser fruto, habrá perdido su calidad y sus nutrientes.

Conozco personas que tienen muchos años diciendo que emprenderán "X" proyecto y lamentablemente aún no han iniciado. En algún lugar leí esta expresión, que más que una gran verdad es un verdadero desafío para todos aquellos que soñamos en grande: "El secreto de avanzar es siempre comenzar". No espere tener el viento a su favor para empezar, no espere reunir todas las condiciones necesarias: empiece hoy. El éxito nuestro no depende de circunstancias, porque no somos el resultado de circunstancias, sino el de un propósito divino.

Hace algunos años mi pastor, José Luis Romero, me sugería que abriera mi propio restaurante. Él me decía: "Usted tiene el conocimiento, tiene la capacidad", y me hacía mención de cuánta virtud y habilidad él podía ver en mí. Para ese tiempo, yo aún trabajaba en la industria de restaurantes. Yo pensaba y le decía: "¿Cómo?, si yo no tengo los recursos y eso requiere mucho capital". Él me respondió y me dijo algo, que por mucho tiempo no lo entendí: "Usted no necesita dinero para poner su propio negocio, de lo contrario eso sería una inversión". No entendía nada de lo que él me decía, tuvieron que pasar algunos años para poder descifrar tan grande secreto. Pasado un tiempo, mientras mi hermano Noé y yo hablábamos justo algunos días después de nuestra torcida ilusión, donde abrimos nuestro primer restaurante, el cual, lamentablemente, pasado algún tiempo tuvimos que cerrar. Antes de iniciar este proyecto, mi hermano tenía un buen trabajo y un muy buen salario, y ahora no estaba trabajando. Creo que esa situación me preocupaba más a mí que a él. Después de haber sabido que el lugar donde él trabajó le estaba ofreciendo la oportunidad de regresar nuevamente, y con el mismo salario y posición, no entendía por qué no tomaba la decisión de regresar. Hablé con él y le dije: "Bueno, y entonces, ¿qué es lo que estás esperando pues? No estás trabajando y te ofrecen la misma posición, y te ofrecen un buen salario, ¿qué es lo que estás esperando pues?". Me miró a los ojos y puso a un lado el libro que estaba leyendo (cosa que siempre admiré de mi hermano Noé. Siempre tenía un libro consigo, en su carro, otro en su oficina, en el comedor y hasta en el baño), se enderezó un poco y con voz suave, pero muy seguro, me dijo: "Es que mira, Josué, yo he decidido no trabajar más por necesidad, sino por ideas". Una más para mi colección, pero igual sin entenderla.

No fue sino hasta el mes de enero del año 2010, estando en un seminario llamado *Get Motivated!*, cuando recordé lo que mi hermano me dijo, que hay que trabajar por ideas más que por necesidad. Este seminario antes se compartía con cierta regularidad en diferentes ciudades del país y en esa ocasión se llevó a cabo en la ciudad de Houston. Recuerdo que estarían como oradores el general Collin Powell, Sarah Palin, Rudolf Giuliani, James Smith, entre otros. Eso me motivó a asistir y estando allí fue que escuché hablar por primera vez, de una forma detallada, de los famosos "tax liens" (embargos preventivos de impuesto) y de "Forex", el mercado de divisas.

Fascinado con la idea me inscribí y para asistir a un seminario más detallado, que duraría tres días, este se estaría llevando a cabo el mes de marzo de ese mismo año. Recuerdo que el seminario se impartiría en dos fechas diferentes: el primer fin de semana de marzo y el último fin de semana de ese mismo mes. Me inscribí para el primer fin de semana, al cual no pude asistir, porque lamentablemente esa misma fecha falleció mi querido abuelo, Pablo Salmerón. La partida de mi abuelo me afectó mucho, ya que él fue mi mentor en mi adolescencia y parte de mi juventud. Fue precisamente el recuerdo de sus consejos lo que me motivó a asistir a dicho seminario.

El seminario fue un evento altamente motivador. Su enfoque estuvo centrado en varios aspectos como bienes y raíces, el mercado de divisas, pero su mayor énfasis fue sobre los "tax liens". Estando en el seminario, decidí tomar un curso más intensivo sobre los "tax liens", el cual se impartiría en línea y por el que pagué un poco más de $3,000.00. Mi plan era trabajar comprando certificados de embargo de impuestos y poder así producir un promedio de $25,000 mensuales. Salí de ese lugar fascinado y pensando en mi primera transacción, ¿y qué cree? No hice ninguna. No obstante, en ese mismo seminario también se habló un poco del mercado de divisas y cómo funciona. Para esa fecha estaba trabajando un poco en lo que es la bolsa de valores, o sea, el mercado bursátil. Me costó entender la diferencia entre una cosa y la otra. Lo cierto es que con el poco conocimiento decidí emprender este nuevo proyecto, abriéndome paso en el mercado de divisas.

Emocionado y con muchas ideas en mente de cómo y cuándo echaría a andar mi nuevo proyecto, me encontré con mi primer obstáculo. Consciente y convencido de que necesitaba nuevas fuentes de ingreso, había determinado iniciar con esta nueva idea, pero no tenía el capital disponible para iniciar. Ante esa realidad fue que también recordé lo que mi pastor algún día me hubiese dicho: "Para hacer negocios, no necesita tener dinero". En lo personal, esta fue una de mis experiencias más fascinantes: ni yo mismo podía entender con la facilidad que se podía hacer dinero. Recuerdo que un día antes de irme al colegio, mientras preparaba mi café por la mañana ese día, antes de salir de casa esa mañana, yo había hecho una suma que superaba los $16,000 en un solo día. Claro, esto no es de todos los días, bueno fuese que así fuera. De hecho, hay días, semanas, incluso hasta meses que no se produce ni un solo dólar. Lo cierto es que esta experiencia me recordó lo que en algún momento escuché de alguien, en algún sermón en la iglesia, no recuerdo dónde, pero alguien dijo estas palabras: "Viene el momento que lo que antes hacías en un año, ahora lo harás en un mes, y lo que hacías en un mes, ahora lo harás en una semana, y lo que hacías en una semana lo harás en un día".

Recuerde que siempre habrá una y mil razones para no empezar. Si usted en realidad está soñando en grande, debe empezar cuanto antes le sea posible. Los resultados no vendrán por sí solos o por mera casualidad; los resultados son precisamente eso, resultados de haber empezado. Las personas que ahora están obteniendo buenos resultados en lo que hacen son personas que se determinaron a actuar. Hay personas que han planificado hacer cosas valiosas e importantes en sus vidas, pero nunca decidieron comenzar. Cuando de realizar sueños se trata, los deseos y las buenas intenciones no son suficientes. Alex Dey dice: "El mucho analices, causa paralices".

Empiece ahora, no espere a que las circunstancias sean perfectas o contar con todos los recursos necesarios, y mucho menos a esperar ver que el camino esté libre de obstáculos. Cuando usted cree en una idea y acciona con base en esta, usted está provocando **LA ACCIÓN ES LA VERDADERA MEDIDA DE LA INTELIGENCIA.** que ocurran cosas. Mientras unos están en constante movimiento o acción, hay otros que están quietos, esperando tener una inspiración divina o una especie de revelación, para luego proceder. Si nada cambia, nada cambiará. El tiempo pasa y con ello la vida misma. El proverbista Salomón dijo que todo tiene su tiempo y su hora: si usted cree que este es su tiempo, yo le motivo a que accione y no se quede en la fase de planificación, porque es justamente ahí donde se encuentra la inmensa mayoría. Cada hora que pasa, si no se aprovecha, se pierde. Por eso, Karen Lamb decía: "Dentro de un año te arrepentirás de no haber empezado hoy".

El secreto para poder avanzar y tener éxito en cualquier proyecto que se proponga, se encuentra en el hecho de poder comenzar cuanto antes le sea posible. Sueñe en grande: después de todo, las grandes oportunidades no siempre se ven con los ojos, sino con la mente. Adopte buenos principios y renueve sus esperanzas día con día, pero sobre todo crea que con Dios todas las cosas son posibles. Recuerde que si crees que puedes, podrás.

Se dice que el hoy es el reflejo de lo que ayer hicimos. Por lo tanto, mañana se reflejará lo que hoy estamos haciendo. Soñar en grande implica desafiarse a uno mismo. En mi experiencia personal, he visto a muchas personas emprender proyectos que con el paso del tiempo los abandonaron. Soñar en grande implica ser perseverante en lo que se hace.

A Dios gracias he podido ver realizado casi todo cuanto me he propuesto realizar. Ahora mismo estoy contemplando, como una meta para los próximos años, la idea de comprar una propiedad fuera de los límites de la ciudad donde pueda construir una casa de campo, con suficiente espacio para tener animales de corral, montar a caballo y suficiente terreno para poder disfrutar de la naturaleza y su paisaje.

La historia de los grandes soñadores y de los más destacados visionarios, que han marcado las páginas de nuestra historia, un día fue desconocida: fue su perseverancia y atrevimiento a soñar con cosas grandes, lo que un día los dio a conocer.

INVERTIR TIEMPO APRENDIENDO ALGO NUEVO CADA DÍA ES EQUIVALENTE A CONSTRUIR UN MAÑANA DE OPORTUNIDADES. APROVECHE SU TIEMPO AL MÁXIMO, PORQUE ESTE NO DETIENE SU MARCHA Y TAMPOCO ESPERA A NADIE.

Sueñe en grande, deje volar su imaginación, deje que brille su capacidad y esa creatividad que está en usted. Usted es el arquitecto de su futuro, sea dueño de su porvenir, no dude de sus habilidades, recuerde que usted es tan capaz de llegar a la cima misma de la realización de sus sueños, aun cuando nadie crea en usted.

Aliente su esperanza esforzándose día a día, creyendo que su mañana será mejor que su presente. Trabaje y persista en aquello que sueña ser o realizar, aférrese a lo que ama, pero cambie lo que debe ser cambiado, porque si nada cambia, nada cambiará.

Que nada le distraiga, establezca el curso de sus metas, persista en lo que cree o sueña ser, tenga firmeza y trabaje en su autosuperación: *si crees que puedes, podrás.*

NO EXISTEN SECRETOS PARA EL ÉXITO, EL ÉXITO ES SIMPLEMENTE EL RESULTADO DE LA PREPARACIÓN, ARDUO TRABAJO Y EL APRENDER LA LECCIÓN DE CADA FRACASO.

CÓMO SUPERAR LOS OBSTÁCULOS

El éxito suele estar lleno de obstáculos, caídas, tropiezos y equivocaciones.

El éxito en la vida no siempre se mide por la posición social o por los muchos logros que se hayan alcanzado, pero sí por los obstáculos superados.

CAPÍTULO 4

Se dice que un obstáculo es: "Todo aquello que nos impide avanzar, o situación que impide el desarrollo". En una definición práctica de una vida cotidiana, un obstáculo no significa ni más ni menos que problemas, desafíos, retos, adversidad y crisis. Toda historia de éxito, como también las historias de fracasos, han experimentado el peso de los obstáculos. Nadie está exento de los obstáculos: es el manejo de éstos lo que define tanto la victoria como la derrota. El entender las razones y las causas de los obstáculos, no solamente le permitirá entender que éstos no siempre estarán ahí para impedirle que usted pueda lograr todo lo que sueña ser; por el contrario, los obstáculos también aparecerán en su camino como una oportunidad, a través de la cual usted pueda mostrar de todo lo que es capaz de hacer, y cuán interesado y comprometido está en la realización de sus metas.

EL ÉXITO SUELE ESTAR LLENO DE OBSTÁCULOS, CAÍDAS, TROPIEZOS Y EQUIVOCACIONES.

Antes de buscar el porqué de los obstáculos, es mejor entender el para qué y cuál será el beneficio que de estos pudiésemos obtener. Nunca vea los obstáculos como una mera dificultad; por el contrario, piense que estos también pueden ayudarle a descubrir aquellos talentos y virtudes que usted posee, y que ni siquiera sabía que estaban ahí. Talentos y habilidades que una vez las descubra y desarrolle, seguramente le permitirán ser más eficiente en lo que hace, y por ende, superar los obstáculos con mayor facilidad. ¿Cuál es el propósito de los obstáculos? ¿Para qué sirven?

Sólo quienes comprenden el propósito de éstos serán capaces de transformar una adversidad en una oportunidad. De usted depende el resultado de cada una de aquellas circunstancias, por difíciles que estas sean. Tener la actitud correcta en momentos de adversidad, más que definir su fe, carácter y valentía, esta revela qué tan determinado está y qué precio está dispuesto a pagar con tal de ver que sus sueños sean una realidad.

Algunas personas por falta de conocimiento, determinación y carácter, permiten que los obstáculos los detengan mientras están en el camino al éxito; otros se rinden ante los retos, porque siempre están midiendo y evaluando aquello que quieren hacer con base en sus posibilidades, y cuando el reto es más grande que sus posibilidades, lo más práctico es darse por vencido. Pero hay otro grupo de personas, que a pesar de la adversidad, siempre mantienen una actitud de vencedores: estos son atrevidos y prefieren ver los obstáculos como el medio para llegar a ese fin, que es la realización misma de sus metas.

Los obstáculos no siempre debemos de verlos como sinónimo de fracaso o equivocaciones: estos también pueden constituirse en una fuente de desafío, la cual nos mueve a trabajar arduamente y no descansar hasta lograr lo que nos hemos propuesto. Hay ocasiones en las cuales tenemos que experimentar algunas circunstancias difíciles que hacen parecer que la vida no es justa. En el camino al éxito vamos a encontrarnos con altos y bajos, caminos placenteros y otros donde realmente hay que hacerlos. La vida no está exenta de retos y desafíos, sobre todo para quienes sueñan con cosas grandes en esta vida.

Se dice que el internacional y muy conocido fundador

de Kentucky Fried Chicken, el coronel Harland Sanders, cuando estaba en sus sesenta le ofrecieron la suma de $200,000 por su motel, restaurante y gasolinera que había construido con los ahorros de toda su vida. El coronel no estaba contemplando la idea de retirarse por lo que rechazó la jugosa oferta. Dos años después, cuando tenía 65 años de edad, para su sorpresa construyeron una autopista que desvió el tráfico de la vía donde se encontraba su negocio, y como consecuencia, tuvo que cerrar las puertas de su negocio. La mayoría de personas que ya superan los 60 años de edad, por lo regular ya están pensando en su fecha de retiro y no precisamente en iniciar nuevos proyectos; pero la actitud de este hombre fue totalmente opuesta, a lo que la mayoría de personas a su edad tienden a hacer.

El coronel Harland Sanders, lejos de sentarse y quedarse a lamentar por la tragedia sucedida, reaccionó y pensó sobre lo que debería hacer. Todos tenemos ciertas habilidades, las cuales pueden ser desarrolladas y por ende sacarle su máximo potencial. El señor Sanders sabía cocinar pollo de una forma que sólo él sabía hacerlo. Así que tomó su viejo y deteriorado auto, y empezó a viajar por todo el país intentando vender su receta a otros restaurantes; y para que su experiencia fuese aún más interesante, su receta fue rechazada por más de 1,000 restaurantes hasta que, por fin, alguien se interesó por ella. A pesar de sus obstáculos, el señor Sanders nunca dudó de lo que él creía y soñaba ver; a pesar de los rechazos, él siguió creyendo en sus sueños y unos años más tarde surgió la famosa cadena de restaurantes Kentucky Fried Chicken, conocida no sólo en todo el país, sino en muchos otros países alrededor del mundo.

¿A cuántos de nosotros nos ha pasado por la mente tirar la toalla y dejarlo todo, especialmente cuando las cosas van mal, cuando lo hemos perdido todo o cuando la persona en quien más confiábamos nos dio la espalda? Ante una realidad de esa naturaleza, donde los obstáculos son mucho más notables que las posibilidades, donde aparentemente ya no hay nada por hacer, donde ya todo está prácticamente perdido, donde el desánimo puede más que la voluntad, donde ya no hay fuerzas para continuar, aun cuando esa sea su realidad, no se rinda, siga creyendo, porque *si crees que puedes, podrás.*

El problema aparece en el momento cuando tenemos que definir cómo responder a los obstáculos que estamos enfrentando: eso es lo que realmente determinará los resultados y cuán exitosos y felices podríamos llegar a ser en la vida, aun a pesar de estos. Es posible que quizás alguien, en su esfuerzo de motivarle a que continúe adelante en sus proyectos, le haya dicho que los obstáculos son una forma en la cual la vida nos desafía y nos ayuda a ser mejores; oír esas palabras cuando nos encontramos en medio de un problema, en realidad es muy poco o casi nada lo que nos puede ayudar. Un amigo mío, cuando escucha a alguien hablar de problemas, suele decir lo siguiente: "No te preocupes hombre, si el problema tiene solución, y si no tuviese solución, igual no te preocupes". Al principio no lo entendí, pero pasado algunos días comprendí que su filosofía es muy cierta.

Quiero compartir algunas experiencias que posiblemente le brinden algunas pistas de cómo superar los obstáculos. Entendiendo que un obstáculo es todo aquello que nos impide avanzar y desarrollarnos, o todas aquellas cosas que hacen difícil o imposible la realización de un proyecto.

LOS OBSTÁCULOS NO SON EL PROBLEMA EN SÍ, AUN CUANDO ALGUNAS PERSONAS LOS VEN COMO TAL.

LO PRIMERO QUE DEBE DE CONSIDERAR ES LO SIGUIENTE: CREA QUE LA SITUACIÓN QUE USTED ESTÁ CRUZANDO TIENE SOLUCIÓN. Si quiere tener éxito en cómo superar los obstáculos, debe de estar convencido de que esa situación tiene solución. Es muy posible que, en algún momento dado, usted se haya encontrado con la disyuntiva de no saber qué decidir o simplemente no tener la menor idea de cómo actuar, ante una situación que le está causando dolores de cabeza y robando la paz. Ante una situación como esta, debe elegir pensar positivamente; en otras palabras, creer que aun cuando no entienda todo lo que está sucediendo a su alrededor, debe pensar que no todo está perdido, que sí existen opciones para una solución, por difícil que esta sea. Esta actitud de seguro le llevará a encontrar las alternativas correctas, que eventualmente le permitirán superar ese obstáculo.

No hay peor receta para el desaliento, que una persona se convenza a sí misma de que no hay solución a ese problema que le asedia, problema que para otras personas no son más que oportunidades para crecer y desarrollar aún más su capacidad, fe y perseverancia. Muchas veces nos enfrentamos a cosas que a primera vista parecen ser insuperables; sin embargo, en la medida que nos disciplinamos y aprendemos a enfrentar los obstáculos con sabiduría y responsabilidad, nos daremos cuenta que no hay obstáculo que no sea superable. En la Biblia encontramos una historia conocida por muchos. Esta es la historia de David y Goliat. Goliat representaba un gran desafío para Saúl y su ejército. Las amenazas cada día se hacían presentes y el temor crecía en el pueblo cada día más y más. La historia dice que un buen día un jovencito llamado David escuchó el discurso que Goliat pronunciaba, el cual era un verdadero desafío para Saúl y su ejército. Una de las cosas más peculiares de esta historia es el hecho que el mismo discurso que Saúl y su ejército escuchaban, fue el discurso que David escuchó.

Mientras que este discurso en Saúl y su gente causaba temor e inseguridad, en David despertó un sentimiento de coraje y valentía, tanto así que preguntó que quién era Goliat para que se atreviera a humillarles; y viendo que nadie se atrevía a enfrentarlo, no dudó en ofrecerse como voluntario. Imagino que por la mente de David cruzaban muchas cosas y dentro de esa larga lista de posibles cosas que estaban presentes en la mente de David, es que David haya pensado que *este tipo es tan grande que no hay forma que le vaya a fallar*. En efecto, el día que David enfrentó a Goliat, lo hizo con plena seguridad y confianza en que le vencería... y lo venció.

Lo que para Saúl y su gente era un verdadero problema, para David se constituyó en el medio que le serviría para darse a conocer ante toda una nación. Es obvio que las cosas no fueron tan fáciles o prácticas para David. Su propio padre dudó de su capacidad, al mandar a llamar a todos sus hermanos menos a él, para ver quién había sido el elegido por Dios como el futuro rey de Israel. Sus hermanos, quienes eran parte del ejército de Saúl, en una ocasión mientras David les fue a visitar para llevarles alimentos, en lugar de alegrarse por su visita se molestaron y le acusaron de ser un entrometido. El propio rey Saúl dudó de la capacidad de David al ponerle su armadura y ver que esta no era la de su medida. Finalmente, hasta su propio oponente, sí, el mismo Goliat, le menospreció y le subestimó; pero a pesar de todo esto, David no dejó de creer de lo que él sería capaz de hacer.

David tenía más obstáculos que los que él mismo quizás podía imaginar; no obstante, su fe en Dios y su habilidad le permitió ir más allá de donde nadie se atrevía a ir. Su actitud de valiente le permitió derrotar al famoso Goliat. Usted puede leer esta historia bíblica el primer libro de Samuel, capítulo 17.

David era un experto con la honda, pero más allá de cuánta experiencia y capacidad David haya tenido, fue esa actitud de vencedor la que le permitió superar sus propias limitaciones y obtener así lo que se proponía. Al igual que David, si está convencido de lo que quiere y adopta una actitud de vencedor, seguramente también obtendrá lo que se ha propuesto lograr. Nunca acepte la imposibilidad, ni dé por establecido que ese problema es imposible superarlo; por el contrario, debe de creer que existe una solución.

LO SEGUNDO QUE DEBE DE CONSIDERAR ES: NUNCA SE VICTIMICE A SÍ MISMO. La autocompasión no siempre es el mejor incentivo motivacional para continuar adelante, a pesar de las circunstancias que posiblemente esté cruzando. Por el contrario, la autocompasión alimenta ese sentimiento que finalmente puede terminar justificando cualquier resultado, haciendo creer y sentir a la persona que después de todo dio lo mejor de sí. La autocompasión es peligrosa, porque puede llevar a la persona a justificarse a sí misma y victimizarse diciendo, "¿por qué yo?", y "¿por qué ahora?", "me dejaron solo(a), nadie se interesa en mí". La autocompasión es un hábito peligroso, que puede ser muy destructivo.

John Gardner dice: "La autocompasión es sin duda es el más destructivo de los narcóticos no farmacéuticos; es adictiva, da placer momentáneo y separa a la víctima de la realidad". Pregúntese a usted mismo, haciendo uso de la sinceridad, ¿cree usted que es la única persona que ha tenido que enfrentar uno o más obstáculos en la vida? Los obstáculos son parte de la vida; si esto es así, entonces surge la necesidad de aprender o poner en práctica el hábito del optimismo, el cual sin duda alguna nos ayudará a superar los obstáculos. Este le permitirá tener la ventaja cuando se enfrente a nuevos obstáculos.

Si la autocompasión y el sentir lástima por sí mismo se ha convertido en un hábito, entonces usted debe hacer un mayor esfuerzo y ser consciente que para superar cualquier obstáculo se requiere ser objetivo en la búsqueda de cada uno de aquellos medios, que eventualmente se convertirán en la solución a sus dificultades y que finalmente le permitirá deshacerse de la autocompasión. No se victimice, trabaje en el fortalecimiento de las relaciones familiares y de amistad, esto le permitirá superar los obstáculos aun con mayor facilidad.

LO TERCERO QUE USTED DEBE DE CONSIDERAR ES: BUSCAR AYUDA.
Si usted no logra superar los obstáculos por sí solo, pida ayuda. Pedir ayuda no significa que somos débiles o incompetentes; por el contrario, pedir ayuda no es más que ser humilde y honestos con nosotros mismos, al reconocer que necesitamos ayuda para superar nuestros obstáculos.

Hay muchas formas de pedir o buscar ayuda. Algunos suelen pedir ayuda cuando simplemente ya no pueden más. Unos piden ayuda quejándose, otros a gritos y otros lo hacen con un sentimiento de simpatía. Todo esfuerzo que una persona haga en busca de una solución a ese problema que amenaza su estabilidad y seguridad familiar, emocional, o en el área que este sea es digno de elogiar, porque su acción da por establecido que reconoce que aun cuando la solución no está en sus manos su deseo es superar esa situación. Todo esfuerzo, por insignificante que este parezca ser, seguramente suma en la lucha por superar esa situación que posiblemente le esté aquejando.

Cuando sienta no poder más y que ya trató todo lo que le sugirieron, cuando sienta que ya no tiene más recursos a su disposición, no se dé por vencido, no se rinda, aún hay mucho más por hacer. Recuerde que usted es un propósito divino, su creador diseñó y estableció dentro de usted todo lo necesario para anteponerse a cualquier adversidad, y poder superar cuanto obstáculo en la vida tenga que enfrentar. Cuando vea lo que la realidad le está mostrando y no entienda qué más poder hacer, pídale a Dios que guíe sus pasos y ore. Orar es hablar con Dios, busque a Dios, pídale ayuda y asesoramiento, pídale que le dé las pautas para superar ese obstáculo que está enfrentando hoy en día.

Puede ser que lo antes relatado suene simple y en realidad lo es. Estas tres consideraciones, aun cuando suenen simples y prácticas seguramente pueden convertirse en una gran ayuda a quienes decidan ponerlas en práctica, en el esfuerzo por superar exitosamente esos obstáculos que en la vida tenga que enfrentar. Recuerde: no hay obstáculo que no sea superable, por lo tanto si existe una solución vale la pena seguir luchando. No se victimice ni sienta lástima de sí mismo, y si necesita ayuda en la superación de sus obstáculos, no dude en pedirla.

LA FALTA DE PLANIFICACIÓN ES UNA DE LAS CAUSAS PRINCIPALES DEL PORQUÉ TANTO OBSTÁCULO EN NUESTRAS VIDAS.

Se dice que sólo el 3 % de la población mundial se toma el tiempo para planificar y organizar un plan para alcanzar sus metas. El objetivo principal de este libro, *Si crees que puedes, podrás*, es precisamente ayudarle a usted como lector a que sea parte de esta estadística, que se convierta y sea parte de ese porcentaje, de ese 3 % de la población del mundo que sabe cómo alcanzar cualquier meta o propósito en todos los ámbitos de la vida. Claro, con su participación y con la de todos aquellos que sueñan con llegar a la cima, eventualmente seremos muchos más que un 3 %. Si usted tiene un objetivo específico que desea lograr, o si quizás simplemente quiere mejorar un área de su vida, pero no sabe cómo, o tal vez se encuentre frustrado porque en la actualidad no está consiguiendo ningún resultado positivo, una vez haya terminado de leer este libro le puedo asegurar que su historia será diferente, porque no sólo habrá aprendido a cómo superar los obstáculos, sino a cómo sacarles un beneficio positivo y productivo a la vez.

Si quiere superar exitosamente sus obstáculos no mire hacia atrás: el pasado es lo que es, pasado. En el pasado se encuentran el recuerdo de nuestros errores y equivocaciones. No vea a los lados, porque es muy posible que vea a quienes le están señalando y acusando, o posiblemente oirá las voces de quienes no creen en sus sueños, y por lo tanto, lo único que hacen es criticarle. Mire siempre hacia adelante, porque sus mejores días están por venir. Fije su mirada en lo que sueña ser o alcanzar, pero nunca fije su mirada en los obstáculos, porque estos son expertos en impedir el avance y desarrollo personal.

NO HAY PEOR RECETA PARA EL DESALIENTO, QUE CONVENCERSE A SÍ MISMO QUE TODO ESTÁ PERDIDO Y QUE YA NO HAY NADA QUE HACER.

CÓMO SUPERAR UNA CRISIS

La crisis más destructiva en la vida es la crisis del conformismo y la tragedia más trágica es el no querer luchar por superarse.

Hay personas que se atemorizan al extremo cuando escuchan mencionar la palabra crisis, pero a veces se requiere algo de ésta para que fluya nuestra adrenalina y sacar así esa valentía que llevamos dentro.

CAPÍTULO 5

¿Cómo definimos una crisis? ¿Cuán grave debe ser una situación para que la califiquemos como una crisis? ¿Qué tipo de crisis ha tenido que vivir en carne propia? ¿Qué clase de crisis está cruzando en la actualidad?

Lo que para algunos representa una verdadera crisis, para otros no constituye ni siquiera un problema. Crisis son todas aquellas situaciones, cosas o experiencias que usted no previó ni se preparó para enfrentarlas. Son circunstancias que por lo regular lo toman desprevenido y le causan angustia y preocupación.

El diccionario de la Real Academia Española define la palabra crisis como: "Situación de un asunto o proceso cuando está en duda la continuación o modificación. Momento decisivo de un negocio grave y de consecuencias importantes. Situación dificultosa o complicada". Se dice que para escribir la palabra crisis en el idioma chino tradicional se usan dos símbolos: uno de ellos significa peligro y el otro oportunidad, pero juntos significa crisis.

Médicamente hablando, una crisis es ese estado de pronóstico reservado en el que entra un paciente, donde su situación puede mejorar o empeorar.

Cual sea la definición que le demos, lo cierto es que esta se constituye en una situación difícil que nos puede estresar al punto de angustiarnos, por no poder manejarla correctamente o de forma adecuada, sobre todo cuando estamos haciendo exactamente lo que en el pasado nos ha dado resultados positivos, pero ahora los resultados son adversos. Hay diversidad de crisis que como sociedad nos están afectando. Las crisis más comunes son las económicas, emocionales, familiares, espirituales, etc.

Toda crisis tiende a desestabilizarnos emocionalmente; sin embargo, ninguna crisis tiene la capacidad de determinar el desenlace de nuestro futuro, dado que nuestra actitud puede ser determinante, tanto en la manera como percibimos una crisis y la forma como reaccionamos ante estas. No son las cosas que nos pasan las que realmente afectan nuestras vidas, sino el cómo reaccionamos ante estas; en otras palabras, lo que hacemos con lo que nos pasa. Una crisis suele desencadenar una serie de situaciones ante las cuales posiblemente usted no siempre tendrá el control de la situación; sin embargo, usted puede comenzar a controlar algunos detalles que se generan de estos conflictos y lograr cierto progreso a su favor. Una vez usted ha superado una crisis, usted podrá apreciar el valor que esta encierra en sí, aun cuando en su momento le haya causado dolor y angustia. Recuerde que hasta de las cosas malas podemos aprender algo bueno.

Una crisis puede terminar siendo mucho más peligrosa de lo que imaginamos, ya que ésta por naturaleza estresa, angustia e incluso puede paralizarle momentáneamente. Siendo que ésta es una experiencia para la cual no siempre se está preparado, puede volverse frustrante, porque los recursos a los cuales usualmente se recurre cuando hay problemas de esta naturaleza simplemente no funcionan, ya que ahora estamos tratando con una situación desconocida. Una actitud optimista y entusiasta es vital al momento de enfrentar cualquier crisis, aun cuando ésta sea peligrosa y destructiva, también puede convertirse en una oportunidad para crecer y desarrollarnos más día con día.

El no saber manejar una crisis puede causar agresividad, sentimientos de frustración, inseguridad, tristeza, temor y depresión en una persona, lo cual puede terminar causando serios problemas de salud, problemas familiares, tales como falta de concentración y capacidad para tomar decisiones adecuadas, etc. Los efectos de una crisis pueden ser múltiples.

Por muy optimistas que usted y yo seamos, por mucha fe que tengamos, es casi imposible no tener que pasar por momentos confusos, de dolor y angustia en esta vida. Jesús, en una ocasión, dijo que en el mundo siempre tendríamos aflicciones (Juan 16:33). A lo largo de nuestra vida, tendremos que enfrentar situaciones complicadas sin importar lo mucho que tratemos de protegernos de estas, no siempre lo lograremos. Recuerdo haber leído en las líneas de un libro escrito por el gran autor John Maxwell, que "el fracaso es inevitable".

Hay cosas que en esta vida son inevitables y los problemas o los obstáculos son una de esas cosas. Al no poder protegernos totalmente de los problemas en esta vida resulta ser más interesante, porque tendremos que hacer un mayor esfuerzo para tratar de superar cada una de las dificultades que nos asedian; pero seguramente también en ese esfuerzo descubriremos algunas opciones, las cuales nos llevarán a nuevos conocimientos. Por complicadas y difíciles, por inciertas o adversas que sean las dificultades que tengamos que enfrentar, tenga la certeza que también son superables. El efecto inmediato de una crisis, independientemente del carácter que esta sea, casi siempre causará un impacto emocional.

Si en medio de la tormenta somos capaces de recuperar la confianza y el equilibrio emocional, también seremos capaces de superar cualquier crisis y salir victoriosos de estas.

CRISIS ECONÓMICA. Una de las crisis más comunes hoy en día es la crisis económica, y esta a su vez suele provocar inestabilidad en otras áreas de nuestra vida.

¿Qué es una crisis económica en sí? En términos cotidianos es la falta de liquidez, es ese punto cuando el poder adquisitivo se dificulta cada vez más y cuando productos más básicos aumentan cada día. Dicho en otras palabras, es cuando lo que ganamos ya no alcanza para suplir las necesidades más básicas. El efecto de una crisis económica es sumamente desgastador, porque esta se manifiesta cuando de por sí ya estamos agobiados, desesperados, estresados, angustiados, etc. ¿Cuál es la causa principal o las posibles causas de una crisis económica?

1- Una mala administración. El problema de la mayoría de personas que están sumergidas en una crisis económica no es por falta de ingresos, sino por falta de sabiduría en cómo administrar su dinero. Curiosamente la gente que menos dinero tiene es también la gente que más gasta. No saber cómo administrar bien el dinero no solo implica gastar más de lo que se gana, ésto también refleja el desconocimiento o la irresponsabilidad misma de no tener un plan de ahorros para casos de emergencia.

2- La falta de oportunidades. Falta de oportunidades no quiere decir falta de trabajo precisamente, sino falta de capacitación, falta de iniciativa. Muchas personas viven quejándose al decir cosas como "no hay dinero", "el dinero no alcanza", "con el salario mínimo apenas se sobrevive", etc. Estas personas deben de saber que la razón por la cual se estableció un salario mínimo fue precisamente por eso: para "sobrevivir". Yo no conozco a un plomero, electricista, carpintero, cosmetóloga o estilista que se queje porque gana el salario mínimo, porque en la mayoría de los casos a estas personas no les pagan por lo que hacen, sino por lo que saben. Así que no es que no existan oportunidades: lo que en realidad pasa es que no hay suficiente personal calificado para dichas oportunidades.

3- El consumismo. Lamentablemente hay personas que tienen el hábito de comprar cosas que en realidad no necesitan, simplemente porque estaban en oferta o porque creyeron la idea de: "Especiales como estos no se dan todos los días". El comprar impulsivamente o porque las cosas estén en oferta puede terminar siendo dañino, porque seguramente mañana tendrá que deshacerse de cosas que realmente necesita.

4- El endeudamiento. Tristemente muchas personas están destinando cerca de un 50 % de sus ingresos para pagar deudas. Lo triste es que pagar deudas equivale a mandar el dinero al pasado, por placeres o por cosas de las cuales no recibimos ninguna utilidad.
En mi próximo libro que se titulará *Cómo convertir mis deudas en ganancias*, hablaré con detalle de las causas y efectos de una mala administración financiera.

Una crisis económica puede llegar a complicarse tanto, al punto que ni siquiera los expertos puedan ayudarnos. Esta es una verdadera enfermedad y de rápida propagación. En términos profesionales, a esto se le llama recesión.

LA MAYORÍA DE LOS PROBLEMAS ECONÓMICOS TIENEN SU ORIGEN EN UNA MALA ADMINISTRACIÓN, Y UNA VEZ ESTOS SE DESARROLLAN SIMPLEMENTE AÑADEN MAS PROBLEMAS Y ANGUSTIAS A LAS QUE YA SE PADECEN.

A principios de la crisis económica que afectó al mundo entero en el año 2008, algunos comentaristas y profesionales en la materia comenzaron a utilizar una palabra aterradora: la famosa "depresión". Con frecuencia, una crisis económica produce depresión no solo en términos económicos, sino a nivel personal.

El sistema económico mundial cada día se vuelve más inestable, pareciera que está fuera de control al punto que hasta los más poderosos no pueden hacer nada para evitar dicha inestabilidad. Las amenazas de un colapso económico de mayor envergadura se ventilan casi como algo inevitable. Es posible que usted y yo nos preguntemos: bueno, ¿cómo es posible que sí se puede identificar y diagnosticar los efectos de una situación de tal naturaleza, pero no se pueda evitar?, ¿dónde está el problema?, ¿quién tiene la culpa de todo esto?

La tendencia imperante consiste en echarle la culpa a alguien o a alguna situación en particular, pero esa actitud no sirve para nada, especialmente en los tiempos que vivimos, cuando el mundo entero está en crisis y posiblemente usted también esté siendo afectado con sus propias circunstancias. Es por ello que antes de buscar culpables, asumamos nuestras propias responsabilidades y esto implica identificar la raíz del problema. La raíz de toda crisis económica está íntimamente relacionada con la avaricia. ¿Qué es la avaricia? Podemos definir la avaricia como la administración de los recursos en beneficio propio, sin tener en cuenta a los demás.

> **LA AVARICIA ES UN MAL MUY DAÑINO E INSACIABLE, PORQUE ESTA IMPLICA DESEAR MÁS DE LO QUE SE NECESITA, A EXPENSAS DE OTROS.**

La avaricia es compañera de la malicia, el engaño, el robo, la envidia, los malos pensamientos, la calumnia y la difamación, la arrogancia, el homicidio y toda clase de necedades. Todas estas malas actitudes se encuentran juntas, porque todas ellas se originan en el corazón mal intencionado de los seres humanos y representan esos aspectos únicos de la avaricia. El robo es la avaricia que siente el ladrón por aquellos objetos que considera valiosos. La envidia y la calumnia representan la avaricia por la reputación. La arrogancia y el homicidio representan la avaricia que busca poder y venganza.

En la Biblia encontramos una parábola titulada como la *Parábola del rico insensato*. Sobre este relato Jesús nos aconseja que evitemos todo interés y sentimiento de avaricia:

> "[15]Y les dijo: Mirad, y guardaos de toda avaricia; porque la vida del hombre no consiste en la abundancia de los bienes que posee.
> [16]También les refirió una parábola, diciendo: La heredad de un hombre rico había producido mucho.

¹⁷Y él pensaba dentro de sí, diciendo: ¿Qué haré, porque no tengo dónde guardar mis frutos?
¹⁸Y dijo: Esto haré: derribaré mis graneros, y los edificaré mayores, y allí guardaré todos mis frutos y mis bienes;
¹⁹y diré a mi alma: Alma, muchos bienes tienes guardados para muchos años; repósate, come, bebe, regocíjate.
²⁰Pero Dios le dijo: Necio, esta noche vienen a pedirte tu alma; y lo que has provisto, ¿de quién será?
²¹Así es el que hace para sí tesoro, y no es rico para con Dios." Lucas 12:15-21.

CRISIS EMOCIONAL. Está comprobado que los seres humanos reaccionamos de la misma manera cuando tenemos que enfrentar una crisis o ante su sola amenaza. Emocionalmente nos afecta igual si la vivimos o no, porque nos hicimos la idea de que esta nos afectaría, aun cuando esta nunca sucedió. El preocuparnos demasiado no es saludable para nadie: preocuparse no es más que ocuparse antes de tiempo. Jesús, en una ocasión dijo a sus discípulos: "Así que, no os afanéis por el día de mañana, porque el día de mañana traerá su afán. Basta a cada día su propio mal." Mateo 6:34.

El preocuparse por algo no cambiará nada en sí; después de todo, si nada cambias nada cambiará. Para poder salir de cualquier situación, por difícil que esta sea, es necesario hacer algo más que preocuparse. Es mejor una acción, por pequeña que sea, que la intención, sin importar qué tan grande esta sea. Mi amigo Carlos, cuando escucha a alguien hablar desesperado sobre algún problema en particular, suele decir: "¿Por qué preocuparse, si el problema ya no tiene solución? Y si tiene solución, igual, ¿por qué preocuparse?".

Toda crisis emocional suele manifestarse a través de ciertas expresiones o apariencias que difícilmente pueden ser ocultadas por quien lo está padeciendo, y sus efectos en algunos casos pueden ser irreversibles. Algunos de los efectos son los siguientes:
•Temor
•Traumas

• Depresión
• Desesperación
• Frustración
• Ansiedad
• Soledad
• Preocupación

Esta lista, más que una marca en el alma de lo que una crisis emocional es en sí, es una huella en el estado anímico, la cual puede llegar a atormentar la vida de quienes lo han tenido que vivir o de aquellas personas que lamentablemente lo están viviendo.

El temor o la inseguridad es uno de los peores males que tanto daño le causan a nuestra sociedad. El hecho de sentirse atemorizado o inseguro es la evidencia de la inestabilidad emocional que aún opera en quienes han tenido que experimentar una crisis emocional. Si usted, o alguien a quien usted conoce, está cruzando por esta situación busque ayuda profesional, para evitar un comportamiento o conducta evasiva y prevenir un ciclo de consecuencias negativas, las cuales pueden terminar en:

• Abuso (físico, psicológico, verbal)
• Violencia familiar
• Complejos personales

Una crisis emocional suele empezar con un leve grado de estrés, y este puede ser provocado por cuestiones laborales, económicas o familiares. No permita que el estrés le robe la paz y la tranquilidad: hable con alguien, busque ayuda antes que vaya ser demasiado tarde. Mi esposa me conoce tanto, que en los momentos más estresantes y de mayor preocupación que he tenido que cruzar, siempre ha estado a mi lado muy pendiente de todo lo que me sucede, ella ha jugado un papel muy importante en mi desarrollo personal. Es una verdadera ayuda idónea. Agradezco a Dios por su sabiduría y su conocimiento, porque aun cuando he tratado de ocultar ciertas cosas que me han causado mucha preocupación, ella ha estado ahí y me ha ayudado a salir de esas situaciones.

Cuántas veces mi esposa se ha acercado a mí y me ha preguntado: "¿Cómo estás? ¿Todo bien?". Aun cuando mi respuesta ha sido: "Sí, mi amor, todo bien, un poco cansado solamente", ella siempre suele decirme: "Humm, ¿cansado o preocupado?". Una de sus expresiones suele ser: "Josué, te conozco tan bien, que sé que algo te pasa". Luego se acerca y muy cariñosamente me sugiere: "Relájate, descansa un poco, ve al polígono o a pescar —algunos de mis pasatiempos favoritos— y seguro que después no sólo estarás mejor, sino que pensarás mejor, porque con preocuparte nada arreglarás".

Albert Einstein, en una ocasión, dijo: "No pretendamos que las cosas cambien, si siempre hacemos lo mismo".

Toda crisis puede ser superada, en la medida que trabajemos en ello y hagamos lo correcto; de lo contrario, podemos ser absorbidos a causa de nuestra inefectividad. Alguien dijo que toda crisis es "sinónimo de oportunidad". Toda crisis puede convertirse en una verdadera oportunidad. Toda crisis por naturaleza incomoda, pero la incomodidad provoca desafíos y los desafíos son verdaderos retos que a largo plazo producen madurez y crecimiento.

Aun cuando las crisis producen angustia y desesperan, tome en cuenta lo que alguien dijo por ahí: "De la angustia nace la creatividad", así como el día nace de la noche, y se dice que cuanto más oscura esta se torna, es cuando también está a punto de amanecer. Si de pronto siente que sus problemas, en lugar de mejorar están empeorando, no se desespere: que nada le distraiga, no pierda el enfoque de su vida. Recuerde que una crisis no siempre es sinónimo de fracaso, esta también puede considerarse como parte de un proceso, el cual no solamente produce dolor y angustia, sino que también nos puede enseñar muchas cosas que pueden llegar a ser de gran beneficio personal, haciéndonos mejores de lo que antes éramos.

Toda crisis produce dolor e inseguridad; sin embargo, la crisis más destructiva es la crisis del conformismo y la tragedia más trágica es el no querer luchar por superarla. Sin dificultades no hay desafíos, sin desafíos la vida se vuelve una rutina. Curiosamente ha sido en tiempos de crisis cuando han surgido los descubrimientos más grandes y que tanto bien han hecho a nuestra sociedad.

Quien supera sus propios problemas se supera a sí mismo, sin quedar superado; en cambio, quien atribuye la razón de sus fracasos a sus problemas, está menospreciando su capacidad y habilidad al no usar los talentos que Dios ha depositado en su interior.

En tiempos de crisis es más fácil buscar culpables que asumir responsabilidades. Es más fácil darse por vencido que buscar alternativas. Las alternativas eventualmente nos llevarán a encontrar soluciones, porque curiosamente no es sino hasta que nos encontramos en medio de una crisis cuando sale a flote nuestra verdadera valentía, y cuando estaremos dispuestos a dar lo mejor de nosotros.

Sea cual sea su realidad, no permita que nada le detenga. Ponga en marcha un plan de acción, crea que Dios está de su lado y que si está ahí es precisamente para ayudarle a salir victorioso de ese problema o de esa crisis, como muchos le llaman. Deposite su fe y confianza en Dios, crea que Él hará con usted mucho más abundantemente de lo que inclusive le ha pedido. En Él está su victoria, créalo: después de todo, los problemas en nuestras vidas solamente nos ayudarán a que mañana seamos mejores de lo que ahora somos.

CRISIS FAMILIAR. La familia es la institución más poderosa y antigua sobre la faz de la tierra. La familia fue instituida por Dios mismo. Esto implica que tanto su propósito y funcionamiento deberán de cumplir con un fin.

Es en el seno familiar donde recibieron la formación básica todas aquellas personas que ahora vemos en funciones de gran eminencia.

Los grandes líderes, gobernantes, empresarios, ejecutivos, científicos, etc. Personalidades que cuyos nombres se han dado a conocer mundialmente y que en algunos de los casos tanto bien le hicieron a este mundo. Todas esas personas que ahora están en eminencia un día fueron niños y estuvieron en el seno de un hogar donde recibieron sus primeros pasos de formación social.

Curiosamente, también aquellos hombres como Adolf Hitler, Joseph Stalin, Benito Mussolini, Pol Pot, Mengistu Haile, Kim Il-sung, Osama Bin Laden y muchos más, que tanto dolor y daño le causaron a esta sociedad, estos individuos un día también fueron niños y estuvieron en el seno de un hogar.

Es que en ese lugar que llamamos hogar se han y están formando los grandes hombres y mujeres, que tanto bien harán a esta sociedad, o los peores villanos de nuestra historia. Esta institución llamada familia, a través de la historia ha tenido que enfrentarse a grandes desafíos y siempre ha prevalecido. Hoy más que nunca, la familia enfrenta grandes desafíos, retos ante los cuales tendrá que anteponerse y superarlos, porque de lo contrario tendremos consecuencias de una magnitud global. Aun cuando los tiempos han cambiado y consigo algunas costumbres, pero los principios y valores fundamentales de la familia deben conservarse por el bien y la sobrevivencia de esta. Son precisamente esos valores y principios los únicos que podrán sostener los lazos que fortalecerán y le garantizarán el funcionamiento establecido de esta institución, cuyo origen nació en el corazón de Dios.

Hemos pasado de una sociedad postindustrial a la sociedad cibernética, de la cultura digital a la era del intercambio. Estos cambios, más que la evidencia de un desarrollo social y tecnológico, también traen consigo cambios de valores, los cuales están relacionados con la globalización y la interconexión. Las formas como nos relacionamos han cambiado en relación con 30 años atrás. Estos cambios producen ciertos desbalances en las relaciones interpersonales y familiares, que terminan convirtiéndose en verdaderas crisis familiares.

El afán de los padres por querer darles un futuro mejor a sus hijos, en muchos de los casos, los obliga a tener varios trabajos y dejar sus hijos al cuidado de alguien más; y debido al agotamiento físico de estos, los entretienen con juguetes o juegos electrónicos, y el tiempo que realmente comparten con sus hijos es relativamente poco.

ALGUNAS ESTADÍSTICAS SUGIEREN QUE EL TIEMPO QUE LA MAYORÍA DE PADRES EN ESTE PAÍS ESTÁN COMPARTIENDO CON SUS HIJOS A DIARIO ES SOLAMENTE UN APROXIMADO DE 25 MINUTOS.

Suponiendo que esta estadística sea cierta resulta escalofriante, porque esta realidad está llevando a muchos hogares a la desintegración familiar. La desintegración familiar es una de las causas principales que está llevando a nuestra sociedad a una verdadera crisis familiar, social, moral y espiritual.

Las estadísticas dicen que hoy en día la tasa de divorcios ha alcanzado cifras alarmantes: hasta más de un 50 % de cada 100 parejas que unieron sus vidas en matrimonio terminan en divorcio. Demográficamente la tasa de divorcios indica que los asiáticos tienen el porcentaje más bajo de un 20 %, los hispanos un 30 %, los anglos un 40 % y los afroamericanos superan el 50 %. Es triste, pero esta es la realidad y condición de nuestra sociedad. Lamentablemente, quienes cargan con el mayor peso y las consecuencias de un divorcio son los hijos. Se dice que un 41% de los hijos de padres divorciados son inseguros de sí mismos, temerosos y tienen serios problemas de autoestima. El otro extremo de este problema es que mientras un grupo de estos muchachos son inseguros y temerosos, otros muestran un comportamiento agresivo y violento, y tienen serios problemas de conducta. La crisis familiar y el alto índice de divorcios parecen afectar más a algunos grupos demográficos que a otros.

Algunas estadísticas sugieren que para el año 2025 uno de cada tres muchachos afroamericanos habrá pisado una cárcel, antes de haber cumplido sus 23 años de edad, ya que este es uno de los grupos demográficos más afectados por la desintegración familiar y por el alto número de niños que nacen de madres solteras.

La crisis en la familia es un problema más serio de lo que los mismos sociólogos consideran, porque esta problemática parece ser que lejos de mejorar, va agudizándose año con año. Las estadísticas dicen que el 36 % de la generación de este país, nacida entre el año 1993 al 2012, son hijos de madres solteras. Decía que el problema lejos de mejorar parece empeorar, porque el índice de crecimiento de este mal social parece ir en ascenso: las estadísticas dicen que el 40 % de los niños nacidos entre el año 2008 al 2013 son nacidos de mamás solteras.

En los últimos 20 años han nacido aproximadamente 80.83 millones de niños en este país, de los cuales aproximadamente 29 millones de ellos son hijos de madres solteras, de acuerdo con el Centro de Control y Prevención de Enfermedades.

Estas estadísticas sólo son un indicador que obviamente revela cuán crítico es el estado que nuestra sociedad está viviendo. En una sociedad en crisis como la nuestra, las posibilidades de desarrollo cada vez se vuelven más complicadas.

Sea cual sea la crisis en la cual usted se encuentre, trabaje en su superación personal, crea que no todo está perdido, porque mientras haya vida también hay esperanza. Hay un pasaje en la Biblia que dice: "Aunque su comienzo haya sido complicado, su final será grande". Job 8:7. No se rinda ante esa posible crisis: recuerde que toda crisis es superable.

PASOS BÁSICOS PARA SUPERAR UNA CRISIS
1. Sea humilde y reconozca que tiene un problema.
2. Busque ayuda.
3. No se dé por vencido.
4. Viva un día a la vez.
5. No trate de corregir los problemas del próximo mes.

6. Asuma su responsabilidad.
7. Documéntese y desarrolle las áreas de mayor fortaleza.
8. Evite las relaciones y conversaciones negativas.
9. Ponga en práctica lo aprendido.
10. No crea que su final ha llegado.

QUIEN SUPERA SUS PROPIOS PROBLEMAS SE SUPERA A SÍ MISMO, SIN TENER
QUE QUEDAR SUPERADO.

CUIDE SU FORMA DE PENSAR

Nuestra manera de pensar con frecuencia se refleja en el estilo de vida que vivimos.

Es casi imposible obtener resultados diferentes cuando no se cambia lo que se hace, porque somos lo que creemos y hacemos lo que pensamos.

CAPÍTULO 6

Cuidar nuestra forma de pensar no es una opción: es una necesidad. Cuidar nuestra forma de pensar implica evaluar cada idea o pensamiento que cruza por nuestra mente y cuál es el efecto de estos en nuestras decisiones diarias. Cuidar nuestra forma de pensar implica cambiar radicalmente nuestra visión de mundo, si fuese necesario. Es casi imposible obtener resultados diferentes cuando no se cambia lo que se hace. No podemos pretender que las cosas cambien si mantenemos la misma rutina y hacemos lo mismo de siempre. Para que nuestra forma de vida cambie es necesario evaluar y cambiar nuestra forma de pensar, si fuese necesario; después de todo, si nada cambias nada cambiará.

Los intelectuales dicen que "somos el resultado de lo que creemos"; los nutricionistas dicen que "somos lo que comemos"; los abuelitos nos decían "dime con quién andas y te diré quién eres". Cada uno de estos proverbios, de alguna u otra manera, tienen razón o cuando menos algo de razón. Lo que creemos determina nuestra personalidad. Lo que creemos se determina por lo que vemos, lo que vemos por lo que oímos y lo que oímos por el círculo con quienes nos relacionamos.

Hay una historia bíblica muy conocida casi por todos. Dicha historia se transporta a la época de la creación.

Dice la Biblia que Adán y Eva estaban en el jardín del Edén, y que ellos habían recibido algunas instrucciones de parte de Dios. Parte de estas instrucciones consistían en que no debían comer del fruto del árbol de la ciencia del bien y el mal; sin embargo, todos conocemos el final de esta historia, la cual termina en la desobediencia a lo que Dios les había sugerido. Pero ¿qué fue lo que realmente pasó? Observemos detalladamente, de acuerdo con la historia bíblica. Dice la Biblia que un día la serpiente se acercó a Eva y le habló; y Eva no solamente la escuchó, sino que cautivó tanto su atención que provocó que fijase su mirada en el fruto, y no solo eso, sino que lo evaluó tanto que dijo que "era bueno para comer, y que era agradable a los ojos" (Génesis 3:6).

Eva terminó creyendo y aceptando lo que empezó con un comentario, que luego se le hizo interesante y llamó tanto su atención, que finalmente fue movida a una acción.

Nuestra manera de pensar con cierta facilidad tiende a ser afectada tanto por lo que oímos como por lo que miramos y esta se refleja en el estilo de vida que vivimos, porque somos lo que creemos y hacemos lo que pensamos. Si no está conforme con los frutos, o sea los resultados, cambie la semilla que está sembrando. Un agricultor inconforme con los frutos que está cosechando, como medidas para mejorar su realidad puede considerar no continuar trabajando, buscar una tierra más fértil y esperar mejores resultados, o cambiar la semilla que está sembrando. Me gusta esta última opción, porque si no está conforme con el fruto que está cosechando cambie la semilla que está sembrando, pero no deje de cultivar. Si nuestras actitudes reflejan nuestra manera de pensar, es imperativo evaluar cada uno de los pensamientos que día a día vienen a nuestras mentes.

Nuestra mente tiene una capacidad inimaginable para poder procesar diferentes pensamientos a la vez. Los pensamientos, aun cuando no los podemos ver, no dejan de ser poderosos; tanto así, que estos influyen directamente en nuestras decisiones. Un pensamiento positivo estimula nuestra estima, genera fe y esperanza. Despierta nuestra motivación interna, enciende el optimismo y echa a andar nuestra creatividad. Por el contrario, un pensamiento negativo deprime y provoca dudas, miedo e inseguridad. Un pensamiento negativo irremediablemente conduce a la derrota.

No permita que su mente se convierta en una bodega de pensamientos negativos. Cultivemos nuestra mente, porque ella es como una parcela de tierra, que no importa que tan fértil esta sea: si no se cultiva no dará frutos.

Los magnates dicen que "no hay secretos para la acumulación de riquezas, todo comienza con una idea". Las ideas muchas veces son el resultado de una necesidad. Se dice que la necesidad es la madre de todos los inventos. Una necesidad es capaz de hacerle pensar en una estrategia y esta seguramente le conducirá a las oportunidades, y las oportunidades a la productividad. Si todo empieza con una idea, la pregunta obligada es: ¿Cuál es el pensamiento más dominante en su mente? Se dice que casi siempre terminamos haciendo algo relacionado con el pensamiento más dominante que se mueve en nuestra mente.

Cual sea su realidad, usted debe de creer que nació para ganar y triunfar en esta vida, y para tener éxito en cuanto se proponga realizar mientras viva. Es posible que la falta de conocimiento, habilidades o la falta de recursos mismos no le permitan creer en la posibilidad de que usted también es capaz de realizar sus sueños. No piense tanto en los problemas: piense más en lo que sueña ser, porque si es capaz de pensarlo y lo cree, seguramente también será capaz de realizarlo.

UN PENSAMIENTO NEGATIVO PERMANENTE IRREMEDIABLEMENTE CONDUCE A LA DERROTA.

Que los problemas no le sean un impedimento para poder soñar en la vida. Los problemas muchas veces son como el famoso relato del vaso con agua. El relato se conoce de la siguiente manera:

Un psicólogo, en una sesión de grupo, levantó un vaso con agua. Todo el mundo esperaba la típica pregunta: "¿Está medio lleno o medio vacío?". Sin embargo, él preguntó lo siguiente: "¿Cuánto pesa este vaso?".
Las respuestas variaron entre 200 y 250 gramos.
El psicólogo respondió: "El peso absoluto no es importante, porque depende de cuánto tiempo lo sostengo. Si lo sostengo un minuto no es problema; si lo sostengo una hora, me dolerá el brazo; si lo sostengo un día, mi brazo se entumecerá y paralizará. El peso del vaso no cambia, pero cuanto más tiempo lo sujeto, más pesado y más difícil de soportar se vuelve". Y continuó: "Los problemas y las preocupaciones son como el vaso de agua. Si piensas en ellas un rato, no pasa nada. Si piensas un poco más, empiezan a incomodar un poco, y si piensas en ellas todo el día, acabas sintiéndote paralizado, incapaz de hacer nada".

Cuide su forma de pensar, tenga cuidado con cada uno de sus pensamientos. Que nada le paralice. Usted es capaz de lograr cuanto se proponga realizar, aun cuando hoy por hoy sienta no tener la capacidad suficiente. Recuerde que en cada persona existe la capacidad de realizar cosas mucho más grandes de lo que somos capaces de imaginar; cultive su mente, sáquele su mayor rendimiento. El cultivar nuestra mente eventualmente producirá un cambio de mentalidad y por ende un cambio de actitudes. Pero si nada cambia, nada cambiará.

ACUÉRDESE DE SOLTAR EL VASO.

Todos soñamos con un día poder llegar a la cima de nuestra realización, pero en realidad la vida es como un espejo, éste simplemente cumple con una sola función, y ésta es dar a conocer lo que le mostramos. Nuestras palabras y acciones son el reflejo de lo que pensamos y creemos, o sea, de lo mucho o poco que hemos cultivado la mente. El cultivar nuestras mentes tiene que ver con toda esa información que le estamos suministrando a nuestro coeficiente. Si usted realmente desea crecer y desarrollar sus capacidades al máximo, es necesario tener cuidado con toda esa información a la que día a día se expone. Le escuché a alguien definir la palabra *información*, y esta persona decía que información es una palabra compuesta. In-formación, in = a algo que entra, Formación = algo que forma. Según la etimología viene del latín *informatio(-nis)* (del verbo *informare*, con el significado de "dar forma a la mente", "disciplinar", "instruir", "enseñar"). Lo cierto es que sí somos información o formados por lo que oímos. Se ha preguntado: ¿A qué clase de información me he estado exponiendo? Puede estar seguro que la información a la que nos exponemos contribuye con nuestra formación y por ende esta afecta nuestra forma de pensar para bien o para mal.

Por tiempo hemos escuchado aquella popular frase que: "Somos el resultado de lo que ayer hicimos". Hasta cierto punto esto es cierto, pero en lo personal he determinado por creer que mi vida no es el resultado de mi ayer, sino la interpretación de mi mañana.

¿A qué fuente de información está conectado usted? La mentira y la mala información son algunas de las armas más poderosas para destruir cualquier aspiración. La victoria al igual que la derrota, antes de darse por manifiestas, ambas se gestan en nuestras mentes. Hay personas que antes de iniciar determinado proyecto ya lo han dado por fracasado. Recuerdo haber visto una entrevista que le hicieron al expresidente George H. W. Bush. Le preguntaron algo relacionado al éxito y a los fracasos en los negocios y su respuesta fue la siguiente:

"No entiendo a las personas que se quejan cuando fracasan en sus negocios, si aun antes de iniciarlo ya dudaban de tener éxito". Y es que tanto el fracaso como el éxito ambos empiezan en la mente.

Rob Gilbert dijo: "Los perdedores visualizan las penalidades de los fracasos, mientras los triunfadores visualizan las recompensas". Cambie su manera de pensar para que su forma de vida también cambie. Un cambio de mentalidad, más que adquirir ciertos conocimientos, requiere querer ser diferente; querer ser diferente requiere determinación y disciplina personal. Todo deseo de superación personal implica vivir la vida de acuerdo con los principios y valores adoptados como una medida o regla de autosuperación.

Nuestra forma de vida y comportamiento es el reflejo y la mejor evidencia de cuánto hemos crecido. "El crecimiento personal sucede cuando lo que sabes cambia la forma en que vives". Autor desconocido. Si queremos cambiar nuestra forma y calidad de vida es necesario cambiar nuestra manera de pensar. Si queremos cambiar nuestros resultados, tenemos que cambiar nuestra mentalidad.Tanto la riqueza como la pobreza son cosas que están íntimamente ligadas a la forma de pensar del individuo. Hay gente que es pobre porque piensa que es pobre.

> EL ADQUIRIR CONOCIMIENTO NO SIGNIFICA QUE ESTAMOS CRECIENDO, ES LA APLICACIÓN DE ESTE LA QUE NOS LLEVARÁ AL CRECIMIENTO.

Hace algún tiempo, mientras estaba de viaje en Nicaragua, veía una entrevista durante un segmento noticioso. Me llamó tanto la atención, que tuve que escribir algo sobre lo que vi. Recuerdo que lo titulé "El precio de la pobreza". Era una de esas historias que uno no quisiera escuchar. Esa entrevista ocurrió en un lugar que le llamaron la Isla. Recuerdo que fue algo así:
—¿Qué se siente vivir en una comunidad donde las mujeres tienen que salir a trabajar, porque más del 60 % de los hombres están enfermos?
—Este es el precio de la pobreza.

—¿Qué piensa usted, cuando la mayoría de personas en este lugar mueren a los 60 años promedio y donde con frecuencia están enterrando personas a causa de la muerte temprana?
—En la isla no hay tiempo para pensar en la muerte, pues se vive con ella todos los días.

Nunca olvidé esa entrevista, dado que hubo una frase que realmente cautivó mi atención, cuando aquella anciana contestó: "Este es el precio de la pobreza". La mayoría de niños, mientras son niños, no saben si son pobres o son ricos. La definición y el concepto de la palabra pobreza, de acuerdo con el diccionario de la Real Academia Española, la define como: "Cualidad de pobre". Y pobre como: "Necesitado, que no tiene lo necesario para vivir". Si la pobreza es la cualidad de pobre, obvio que este adjetivo hace referencia a las personas que no tienen lo necesario para vivir dignamente.

La pobreza, más que una evidencia física de la carencia de todas aquellas cosas básicas y elementales para la sobrevivencia, es un problema que tiene sus causas íntimamente ligadas a la forma de pensar, como en la falta de educación y oportunidades.

Daron Acemoglu y James Robinson, en su libro *Why Nations Fail*, exponen muchísima información como resultado de años de investigaciones sobre el origen del poder, la prosperidad y la pobreza. Algunos de sus estudios nos pueden servir para pensar que la pobreza tiene sus raíces en la falta de educación y oportunidades. Un buen ejemplo es la realidad que existe entre Corea del Norte y Corea del Sur, entre Nogales, Arizona, EUA, y Nogales, México. Geográficamente no existen diferencias en ninguno de los casos, porque en ambos se poseen los mismos recursos naturales y las mismas condiciones climatológicas, pero en condiciones de vida existe una diferencia gigantesca.

Muchos son de la opinión que la pobreza es de origen espiritual y psicológico, porque la forma en como interpretamos y procesamos las palabras y las experiencias de vida es determinante en nuestra formación y percepción de la realidad social. Hay muchas pruebas científicas sobre el poder de las palabras y el efecto que estas causan en la vida de quienes las escuchan.

Boris Cyrulnik (neuropsiquiatra y psicoanalista), en una ocasión mientras era entrevistado, decía: "Las palabras positivas tienen el poder para transmitir un efecto de seguridad, sanan las depresiones, ansiedades y heridas emocionales. Al igual que el efecto de las palabras positivas, también las frases negativas que hemos grabado en nuestro cerebro causan su efecto, debilitan el sistema inmunitario, generándonos ansiedad, desesperación y depresión. Pareciese ser que debido a la estrecha relación que mantiene nuestra mente y nuestro cuerpo, cuando pronunciamos palabras que contienen una alta carga positiva, automáticamente aumentamos la serotonina y por extensión nos sentimos más alegres y vitales. Evidentemente la palabra tiene mucho poder: la palabra crea y la palabra destruye".

La psiconeuroinmunobiología es la ciencia que estudia la conexión que existe entre el pensamiento, la palabra, la mentalidad y la fisiología del ser humano. Una conexión que desafía cualquier paradigma tradicional. El pensamiento y la palabra son una fórmula de vital importancia, que tiene una gran capacidad y ha sido demostrado de forma sostenible, de interactuar con el organismo y producir cambios físicos muy profundos; por lo tanto, el efecto de lo que hemos visto y oído con el correr de los años, relacionado con la pobreza y a una realidad social, temprano o tarde se manifiesta a través de nuestro comportamiento y nuestras palabras, lo cual nos permite pensar y creer que la pobreza en sí empieza en la mente.

Mientras leía un documento periodístico relacionado con el conflicto armado, que sufrió mi país natal El Salvador durante la década de los 80, me encontré con el relato de una entrevista, la cual tuvo lugar en un pueblito llamado San Isidro, al norte del departamento de Morazán, uno de los departamentos de la zona oriental de El Salvador y una de las zonas terriblemente asediadas durante el conflicto armado.

P: Se dice que en estos lugares, en el tiempo de la guerra, no se podía vivir, pero ¿por qué hubo gente que no abandonó sus casas?

R: En este lugar algunos se salieron; los demás, la gran mayoría, se quedaron en sus casas porque no tenían a dónde ir, porque la pobreza no tiene familiares ni conectes en ninguna parte del mundo.

Lamentablemente, la pobreza para muchos es sinónimo de humildad, pero para los que sufren los embates de la inclemencia social es un sentimiento como una especie de castigo. En lo personal, creo que la pobreza es un mal que contagia y con facilidad convence a cualquier persona que esté pasando por ciertas limitaciones básicas: no hay que hacer mayor esfuerzo para convencer a una persona que es pobre cuando esta tiene carencias hasta de lo más básico, pero difícilmente se puede convencer a alguien que es rico, cuando este no tiene nada. He conocido pobres con mucho dinero, pero también he conocido ricos sin dinero. La pobreza o la riqueza no precisamente se limitan al hecho de poseer cierta cantidad de dinero, sino que también es cuestión de una actitud mental.

Entiendo que hablar de este tema es algo muy sensible, por la diversidad de opiniones al respecto, pero en lo personal creo que la pobreza es la acumulación de todas esas horas mal utilizadas. La pobreza, en muchos de los casos, es un hábito, una manera de pensar, una manera de comportarse, porque pobre no es quien no tiene dinero, sino quien no piensa más allá de su realidad.

Lo triste es que hay personas que parecen estar obsesionadas con la pobreza. No es un delito ser pobre, pero tampoco es un castigo divino. La pobreza, más que un estado o percepción, es un hecho verídico; no se puede negar, pero un hecho verídico es como cuando usted tiene la mitad de la naranja en su mano: usted no tiene una naranja, usted tiene la mitad. Así es la pobreza: la pobreza es parte de una realidad, pero hay otra parte y esa otra parte es que no hay una ley que le condene a ser pobre, excepto si se conforma a vivir y ser pobre toda una vida.

EL CONFORMISMO ES UNA ELECCIÓN.

¿Qué es ser pobre en sí? Pobre se le llama a quien gozando de salud física y mental prefiere conformarse pensando y actuando en pequeño. Pobre es quien necesita y quiere más, pero no está dispuesto a trabajar para obtener esos logros, porque vive de pretextos y excusas, y no está dispuesto a asumir compromisos que impliquen algún tipo de riesgos.

Nadie de elevado pensamiento vive en escasez o termina en la pobreza, porque nunca renuncia a pelear sus batallas cuando de superación o progreso se trata.

Es curioso que la gente que más se enferma suela ser la que menos tiene. ¿Por qué? Porque lamentablemente el pobre no es más que alguien con necesidades urgentes por resolver. Ellos piensan en comer y no en nutrirse.

Pobre no es quien no tiene dinero, sino quien no sabe ni siquiera cómo invertir su tiempo. ¿Qué hace la gente pobre con su tiempo? Ven noticias, ven novelas, no se pierden su programas de entretenimiento, se pasan el tiempo viendo televisión y aman el entretenimiento más que el deseo de superarse.

Mientras el pobre se entretiene, el que más tiene se entrena, se prepara, se educa, se informa.

Hay personas que nunca han leído un libro de educación financiera, de desarrollo personal. Mientras el pobre piensa en tener una televisión más grande, el que más tiene está en el próximo libro que va a leer. La pobreza empieza en la mente.

Mientras más grande sea la televisión, se corre el riesgo de que el tamaño de la biblioteca sea más chica, y esto debe de ser al revés: mientras más pequeña sea la televisión, más grande la biblioteca. Mientras más televisión, menos tiempo para leer; mientras más entretenimiento, menos tiempo para entrenamiento. Lo ideal sería: menos televisión, más lectura; menos entretenimiento y más formación, más educación, más entrenamiento.

Mientras el pobre dice: "No hay plata", el optimista dice: "Hay trabajo". Pueda ser que no encuentre empleo, pero sí trabajo. Porque podemos empezar a trabajar a partir de nuestras propias ideas. Mientras existan ideas habrá trabajo, mientras existan ideas habrá plata, porque las ideas generan dinero, pero el dinero sin ideas se acaba. Cuando a Henry Ford le preguntaron: "¿Cuál ha sido el mejor día de su vida?", Henry Ford contestó: "El mejor día de mi vida fue el día que me despidieron de la empresa para la cual trabajaba, al no creer en mi idea".

Y le preguntaron: "Pero señor Ford, ¿qué pasaría si usted perdiera todo su dinero?". El señor Ford respondió: "Si lo perdiese todo, no pasaría nada, lo hago de nuevo, porque ya sé cómo hacerlo".

Está comprobado por cientos de miles de personas, que en dado momento de sus vidas fueron pobres, o vivieron en ese estado social de pobreza, que sí se puede salir de dicho estado. Estas personas determinaron salir del medio en el cual se encontraban, creyeron en sus sueños y en la posibilidad de superación, y que con el paso del tiempo también su historia cambió en un antes y un después.

Una de las historias más fascinantes, de personas que han salido de la pobreza, es la del Dr. Benjamín Carson. Cuenta el Dr. Carson que cuando era un adolescente, al igual que la mayoría de jóvenes de su edad, quería vestir a la moda. Pero siendo hijo de una mamá soltera y viviendo en extrema pobreza, no le tomó mucho trabajo entender que su deseo de vestir al igual que los muchachos de su edad era casi imposible. Esta experiencia de vida llevó a que aquel joven odiara la pobreza; tanto así, que determinó que cuando el fuera adulto él nunca sería pobre. Por lo tanto, creyendo en aquel sentimiento, entendió que para poder salir de aquella condición le era necesario prepararse. Con el pasar de los años, el Dr. Benjamín Carson se convirtió en uno de los mejores neurocirujanos que este mundo ha conocido, y el primero en realizar una operación de separar a unas gemelas que nacieron unidas por el cerebro.

Quiero compartir algunas de las muchas historias de superación personal y éxito empresarial que conozco de primera mano. Dicho en otras palabras, historias de personas que nacieron en hogares marcados por la pobreza, pero que con el paso de los años sus vidas cambiaron en un antes y un después. Una de estas historias es la de mi amigo Fredy Romero.

Conozco bastante bien la trayectoria de Fredy: es un empresario exitoso en el rubro de la venta de autos. Digo que conozco su trayectoria, porque somos originarios de la misma comunidad. Nació y creció en un hogar humilde con muchas limitaciones en una zona rural, donde ni siquiera se contaba con los servicios más básicos como el agua potable, drenajes o servicio de electricidad. Hoy en día Fredy es propietario de varios concesionarios de autos usados en la ciudad de Houston, y de Fredy Kia, uno de los concesionarios de Kia Motors más grandes del mundo. Estoy seguro que en el camino a la realización, Fredy tuvo que superar muchísimos obstáculos, incluyendo aquel sentimiento que desde niño albergó en su corazón, que un día crecería y que no sería pobre. Fredy trabajó arduamente en la realización de sus sueños, nunca dejó

NUESTRA FORMA DE PENSAR NOS CONECTA CON NUESTRO POTENCIAL O CON NUESTRAS LIMITACIONES.

de creer lo que un día soñó que podría ser, y por ende, no permitió que sus sueños fuesen afectados por las imposibilidades.

La historia de mi amigo Wilmer Rodas es fascinante. Wilmer, quien ahora es dueño de la compañía Superior Rebar Placement, Inc. Esta es una compañía que construye albercas. Sus servicios se extienden a muchas ciudades del estado y aun fuera del estado de Texas. Wilmer, un migrante salvadoreño que llegó a este país como la gran mayoría, marcados por la pobreza pero con deseos de superarse: él nunca apartó su mirada de lo que un día soñó ser, nunca permitió que las imposibilidades le impidieran soñar. Empezó como un trabajador más en la que ahora es su propia compañía, la cual en la actualidad factura una suma de más de dos millones de dólares al año.

Finalmente, quiero compartirles la historia de mi primo Obed Isaí, el mismo de quien hablé en el primer capítulo, pero ahora obviamente los años han pasado y por ende también su historia ha cambiado. La razón por la cual mi primo no contestó mi llamada telefónica sino hasta pasadas las 11:00 p. m. es porque él trabajaba en un restaurante hasta muy tarde; y con una particularidad muy propia, siempre dio lo mejor de sí. Seguramente esta cualidad fue la que, quien fuera su patrón, veía en él, que lo diferenciaba del resto de los empleados del restaurante y que con el pasar de los años, cuando este decidió retirarse, a la primera persona que le dio la oportunidad de comprar su restaurante fue a Obed. Aun cuando Obed no tenía el dinero para poder comprarle no le dijo que no; por el contrario, él le aseguro que sí se lo compraría. No permitió que la realidad misma fuese un obstáculo que le impidiese la realización de un sueño que estaba a punto de hacer realidad. Finalmente, ahora él es el dueño absoluto de Bistro Le Cep Restaurant, un restaurante de cocina francesa que factura aproximadamente un millón y medio de dólares en venta por año. Pero lo más grandioso de esta historia es que mi primo no tuvo que invertir un solo dólar de su bolsillo.

Vale la pena soñar, sueñe en grande que, si crees que puedes, podrás. Me gusta aquella expresión, que si es famosa por experiencias o por mera motivación, no lo sé, pero me gusta, porque creo que es una gran verdad: "Yo no elegí nacer pobre, pero sí es mi responsabilidad no morir pobre".

El sabio rey Salomón, en una ocasión dijo: "Tiempo y ocasión acontece a todos". De modo que las oportunidades llegan, pero no todos las aprovechan; mientras el conformista elige esperar mejores oportunidades y a que alguien haga incluso lo que a él y sólo a él le corresponde hacer, los soñadores se preparan y cuando las oportunidades aparecen ellos ya las están esperando. Es necesario cambiar nuestra forma de pensar en relación con la pobreza.

Un partido político o candidato no saca a nadie de la pobreza: éste les puede lamer la herida con una propuesta populista, pero que al final del día seguramente les va a dejar igual o más pobres. No existe un partido político o un presidente para los pobres. Los pobres no son más que individuos con necesidades urgentes. Estas personas son individuos que poseen ciertas virtudes y grandes capacidades, pero que lamentablemente no se han dado cuenta, porque no son capaces de pensar sobre lo mucho que son capaces de hacer.

No permita el engaño disfrazado en promesas mal fundamentadas, como lo son la mayoría de discursos políticos, que en muchos de los casos no son más que pura demagogia. Cuando sus candidatos se pronuncian a sí mismos como el gobierno de los pobres, algo está mal. ¿Por qué alguien tiene que elegir un candidato político basado en esa propuesta? ¿Por qué elegir por la pobreza? ¿Dónde empieza y dónde termina la pobreza?

Cada uno de nuestros pensamientos es crucial en la formación de nuestra mentalidad y esto es determinante en cada uno de los resultados de todas aquellas cosas que emprendemos, porque nuestra mentalidad nos conecta con nuestro potencial o con las restricciones mismas.

Nuestra forma de pensar determinará nuestro mañana o simplemente cómo seremos recordados, porque nuestra forma de pensar manifiesta nuestros hábitos a través de nuestras acciones. Un hábito, desde el punto de vista de la psicología, es el comportamiento repetido de una persona regularmente. Este comportamiento contribuye en la formación del carácter de una persona y su carácter simplemente se refleja en cada una de sus actitudes.

Una actitud positiva es lo que marca la diferencia entre aquellos que llaman problema a una dificultad y aquellos que a los problemas le llaman oportunidades. En el camino a la superación nos encontraremos con muchos obstáculos; y es por ello que debemos recordar que de montaña a montaña hay un valle. Por lo tanto, si queremos pasar de un nivel a otro, hay que pasar por los valles, porque no podemos saltar de una montaña a otra. Un cambio de mentalidad nos permite tener un mejor desempeño en lo que hacemos. Un mejor desempeño implica ser conscientes de nuestro potencial y de nuestras limitaciones: esto nos llevará a mejorar nuestro nivel de entrega y capacidad para poder obtener mejores logros, y eventualmente una mejor calidad de vida. Un mejor desempeño, más allá de concientizarnos del potencial que hay en nosotros, también nos permitirá concentrarnos en nuestras metas, y de esa manera descubrir el valor y las posibilidades de un futuro mejor.

Un cambio de mentalidad no sólo nos permite lograr un cambio de pensamientos, alcanzar un mejor desempeño en lo que hacemos y concentrarnos en nuestras metas: también nos permite liberarnos de aquellas frustraciones a causa de la falta de resultados.

Otro de los beneficios de un cambio de mentalidad es que aumentarán nuestras posibilidades de mejores logros, y finalmente alcanzar la plenitud misma. El general Collin Powell dice: "No existen secretos para el éxito. Simplemente es el resultado de la preparación, el trabajo duro y aprender de los fracasos". No permita que nada ni nadie le impidan hacer sus sueños realidad. Cuide su forma de pensar.

NO SE CONFORME CON SER MENOS DE LO QUE ES CAPAZ DE SER, SEA TODO LO QUE PUEDE SER EN LA VIDA.

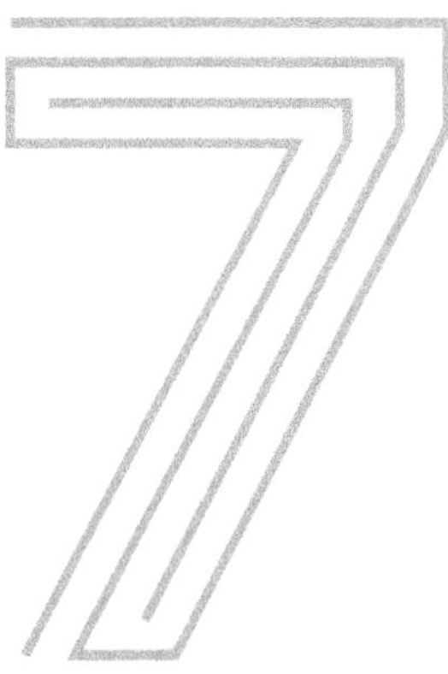

EL VALOR DE LOS CONSEJOS

La falta de resultados satisfactorios en lo que hacemos, en muchos de los casos, no es más que la evidencia de que algo no estamos haciendo bien.

Hoy en día tenemos muchos consejeros, lamentablemente muy pocas personas que estén dispuestas a ponerlos en práctica.

CAPÍTULO 7

Un consejo acertado es capaz de cambiar el curso equivocado de quien reconoce que está caminando erradamente. Un buen consejo puede producir cambios positivos y favorables en la vida de quienes lo busquen y decidan ponerlo en práctica. Buscar un consejo para solventar "X" situación no es sinónimo de debilidad, sino una virtud y la evidencia de la sabiduría en la vida de quien lo hace. El proverbista Salomón dijo: "Mejor es el muchacho pobre y sabio, que el rey viejo y necio que no admite consejos", Eclesiastés 4:13.

Leyendo algo sobre el valor de los consejos me encontré con una historia moralizante que consideré interesante y quise compartirla con usted, querido lector:

Una pareja de recién casados era muy pobre y vivía de los favores de sus vecinos y familiares. Un día, el joven esposo le hizo la siguiente propuesta a su esposa:
—Querida, yo voy a salir de la casa, voy a viajar bien lejos a buscar un empleo y trabajar un tiempo hasta tener las condiciones y poder darte una vida más cómoda y digna. El joven emprendió su viaje y una vez hubo llegado a su destino se dio a la tarea de buscar un empleo. Una vez encontró empleo hizo un trato con su jefe, el cual consistía en lo siguiente:
—Déjeme trabajar por el tiempo que yo quiera y cuando

comprenda que debo irme me libera de mis obligaciones, y quiero pedirle que por favor no me pague mi salario, sino que lo deposite en una cuenta de ahorros hasta el día en que me vaya, y el día que yo salga usted me dará todo el dinero que yo haya ganado.

Estando ambos de acuerdo, aquel joven comenzó a trabajar, y lo hizo durante 20 años sin vacaciones y sin días de descanso.

Después de veinte años, aquel hombre, que ya no era tan joven, se acercó a su patrón y le dijo:

—Patrón, he determinado que regresaré a mi tierra. Quiero, pues, mi dinero.

El patrón le respondió:

—Muy bien, hicimos un trato y voy a cumplirlo. Sólo que antes quiero proponerte algo. Yo te doy tu dinero y tú te vas, o te doy tres consejos y no te doy el dinero e igual tú te vas. Si yo te doy el dinero, no te doy los tres consejos o viceversa. Vete a tu cuarto, piénsalo y después me das la respuesta.

Después de dos días, el hombre buscó al patrón y le dijo:

—Quiero los tres consejos.

—Si te doy los consejos, no te doy el dinero.

—Quiero los consejos.

El patrón entonces le dio los consejos:

1. *NUNCA TOMES ATAJOS EN LA VIDA.* Los caminos cortos te pueden costar la vida.

2. *NO SEAS DEMASIADO CURIOSO Y QUIERAS SABER DE AQUELLAS COSAS QUE NO TE INCUMBEN A TI.* La curiosidad por lo desconocido puede ser fatal.

3. *NUNCA TOMES DECISIONES APRESURADAS EN MOMENTOS DE IRA O CONFUSIÓN.* Cuando se toman decisiones equivocadas puedes arrepentirte, pero el arrepentirse también puede ser demasiado tarde.

Después de darle los tres consejos, el patrón le dijo al hombre:

—Aquí tienes esta bolsa. En ella hay tres paquetes que contienen un pan dentro de cada uno de ellos; dos son para que comas durante el viaje y el tercero es para que te lo comas junto a tu esposa cuando llegues a casa.

Después de veinte años lejos de su casa, aquel hombre emprendió su camino de regreso, ansioso de poder ver a su esposa a quien tanto amaba.

En su primer día de viaje, se encontró a una persona que lo saludó y le preguntó:

—¿A dónde vas?

Él le respondió:

—Voy para un lugar muy lejano, que está a más de veinte días de camino por esta carretera.

El caminante entonces le dijo:

—Hombre, este camino es demasiado largo, yo conozco un camino más corto en el cual llegarás en pocos días.

El hombre contento comenzó a caminar por aquel camino, cuando se acordó del primer consejo. Nunca tomes atajos en la vida. Los caminos cortos te pueden costar la vida. Entonces se alejó de aquel camino y volvió a seguir su camino original. Dos días después, se enteró de otro viajero que había tomado el atajo sugerido y que lo habían asaltado, lo golpearon y le robaron todo cuanto poseía.

Continuó su camino y después de algunos días de viaje, y cansado al extremo, se encontró una pensión a un costado del camino. Era muy tarde y parecía que todos dormían, pero una mujer mal encarada le abrió la puerta y lo atendió. Como estaba tan cansado, tan solo le pagó la tarifa del día sin preguntar nada, y después de tomar un baño se acostó a dormir.

Durante la madrugada se levantó asustado, al escuchar un grito aterrador. Se puso de pie de un salto y se dirigió hasta la puerta, para ir hacia donde escuchó el grito. Cuando estaba abriendo la puerta, se acordó del segundo consejo. *Nunca seas demasiado curioso y querer saber de aquellas cosas que no te incumben a ti.* Entonces se regresó y se acostó a dormir. Al amanecer, después de haber tomado café y disponerse a emprender su viaje, el dueño de la posada le preguntó si no había escuchado un grito aterrador durante la noche, y él le contestó que sí lo había escuchado. El dueño de la posada le preguntó:

—¿Y no sintió curiosidad por ir a ver lo que estaba pasando?

—Sí, pero decidí no ir, porque la curiosidad por lo desconocido puede ser peligroso.

Entonces el dueño de la pensión le dijo:

—Usted ha tenido suerte en salir vivo de aquí, pues en este lugar, por las noches, nos acecha una mujer con apariencia esquizofrénica que grita horriblemente y cuando el huésped sale para enterarse qué es lo que está pasando, ella lo ataca y lo mata, y después lo entierra y luego se esfuma.

El hombre, asustado por lo sucedido y al mismo tiempo agradecido por los consejos recibidos por su patrón, continúo su larga jornada, ansioso por llegar a su casa y ver a su esposa.

Después de muchos días y noches de caminata, mientras bajaba la colina avanzada la tarde ya, contempló entre los árboles el humo que salía sobre el techo de aquella pequeña choza. Caminó un poco y estando cerca de la casa vio entre los arbustos la silueta de su esposa. Como estaba anocheciendo, decidió no llegar a la casa, porque también alcanzó a ver que su esposa no estaba sola.

Viendo desde una distancia cercana, entre el baraje de las paredes de aquella choza, vio que ella tenía en sus piernas la cabeza de un hombre, a quien le acariciaba su cabello. Cuando vio aquella escena, su corazón se aceleró y se llenó de ira y confusión, y pensó en correr hacia la choza y matarlos sin piedad. Respiró profundo y apresuró sus pasos, cuando recordó el tercer consejo. *Nunca tomes decisiones apresuradas en momentos de ira o confusión. Cuando se toman decisiones equivocadas pueda ser que te arrepientas, pero el arrepentirse también puede ser demasiado tarde.*

Entonces se paró y reflexionó, y aquella noche decidió dormir entre los arbustos cerca de su casa, y al día siguiente tomar una decisión.

Al amanecer, ya con la cabeza fría, dijo:

—No voy a matar a mi esposa, mejor voy a volver con mi patrón y a pedirle que me acepte nuevamente. Solo que antes quiero decirle a mi esposa que siempre le fui fiel.

Se dirigió, pues, a la puerta de la casa y tocó.

Cuando su esposa abrió la puerta y lo reconoció se colgó de su cuello y lo abrazó muy fuertemente. Él trata de quitársela de encima pero no lo consiguió.

Con lágrimas en los ojos le dice:

—Yo te fui fiel durante todos estos años y tú me traicionaste.

—¿Cómo? Yo nunca te traicioné. Yo también te fui fiel y te esperé durante estos veinte años.

—¿Y quién era ese hombre a quien acariciabas ayer por la tarde?

—Ese hombre es nuestro hijo. Después que tú te fuiste, descubrí que estaba embarazada y ahora él tiene veinte años ya.

Entonces aquel hombre entró a la casa y conoció y abrazó a su hijo, y les contó toda su historia. Entre tanto, su esposa preparaba algo de comer.

Una vez se sentaron a la mesa para comer, se acordó del último pan que su patrón le había dado para que se lo comiera junto con su familia. Después que hubieron dado gracias por los alimentos, con lágrimas en sus ojos se dispuso a abrir el tercer y último paquete, donde se suponía estaba el ultimo pan. Al abrirlo, se encontró con una gran sorpresa, y es que en este paquete había algo más que un pan: también había una gran cantidad de dinero, el cual era el equivalente a sus veinte años de trabajo.

Moraleja: Nunca dudes del valor incalculable que un buen consejo puede tener en sí.

¿QUÉ ES UN CONSEJO? Pudiésemos decir que un consejo es una palabra acertada y expresada en el momento justo y necesario?.

Es curioso ver cómo muchas personas se esfuerzan cada día por adquirir dinero, pero muy poco se esfuerzan por adquirir un buen consejo. ¿Desde cuándo tiene más valor el dinero que un buen consejo? Un buen consejo puede producir cambios positivos en la vida de quien lo recibe. Cuando se es lo suficientemente humilde para reconocer que necesitamos ayuda, y estamos dispuestos a cambiar ciertas actitudes con el fin de lograr lo que nos proponemos, un buen consejo no solamente nos puede ayudar a resolver nuestra situación, ya que éste también tiene el poder de cambiar un estilo de vida en un antes y un después.

Robert Kiyosaki dice: "Ten cuidado a quien pides consejos; yo recibo consejos de las personas que están donde yo quiero llegar".

Saber a quién le pedimos un consejo es vital, porque éste nos puede ayudar a reconsiderar cuál sea nuestro rendimiento, o cuál debe de ser nuestra actitud ante cada una de aquellas posibilidades que seguramente nos llevarán a un mejor resultado, y por ende, a la realización de nuestras metas. Lamentablemente, hay muchas personas que no consideran importante la idea de pedir un consejo; por el contrario, se pasan la vida quejándose por la falta de resultados y creen que el éxito es algo que está destinado para unos pocos solamente y se conforman con su realidad. El vivir pensando y quejándose de que la vida es injusta, que nunca he tenido suerte para los negocios, nunca he podido encontrar un buen trabajo, etc. Esta actitud de quejas no cambiará su realidad. Busque ayuda, mejor pida consejos a aquellas personas que están donde usted sueña estar, pero por favor pare de quejarse.

LA SUERTE NO EXISTE, SINO QUE HAY UNA QUE OTRA PERSONA ATREVIDA POR AHÍ, QUE SABE APROVECHAR CADA OPORTUNIDAD QUE EN LA VIDA SE LE PRESENTA.

Esa actitud de quejas en algunos de los casos es por la falta de recursos, falta de conocimiento, falta de estrategias, etc. Sea cual sea su realidad, en la medida que busque ayuda y cambie su actitud de creer que la vida es injusta, es muy posible que más temprano que tarde se encontrará ante nuevas opciones. Un buen consejo debe de considerarse más importante que ese regalo soñado. Un buen consejo, a diferencia de un regalo, sin importar cuán valioso este sea, seguramente le servirá toda una vida e incluso puede ser útil a otras personas, porque este puede transcender a la posteridad. Así que no se queje por la falta de resultados; por el contrario, piense qué necesita saber o aprender para cambiar cual sea su realidad.

Si usted es una persona que con frecuencia suele quejarse por la falta de resultados o por las circunstancias adversas que ha tenido que vivir, o simplemente piensa que la vida ha sido injusta por todo lo que le ha sucedido, permítame sugerirle lo siguiente:

LA VIDA NO ES INJUSTA. La vida, al igual que un espejo simplemente nos revela lo que le estamos mostrando. Seguramente hay personas que se cuestionan sobre el hecho de que si la vida sí es injusta o no. No es injusta: simplemente obtenemos los resultados de qué tan bien o tan mal se piensa y se decide.

VALORA Y APRECIA LAS OPORTUNIDADES. Es muy posible que usted haya escuchado acerca de historias de personas que han tenido grandes oportunidades en la vida, pero que lamentablemente el tiempo pasó y con él también las oportunidades. Es posible que también haya escuchado a los muchachos quejarse y decir que tienen problemas en el colegio, porque el maestro es muy duro, "que le caigo mal", etc. Estos muchachos necesitan saber que es cuestión de tiempo, y que dentro de no mucho tiempo posiblemente tendrán que buscarse un empleo y por ende también tendrán un jefe, y es muy posible que este no tenga la vocación de la enseñanza o la paciencia requerida; sin embargo, estarán en la obligación de escucharle y obedecerle. Finalmente, es mejor valorar y apreciar cada una de las oportunidades que en la vida se nos presente.

El rey Salomón es el hombre más sabio que, de acuerdo con los relatos bíblicos e históricos, en esta tierra haya vivido. Salomón aconseja sobre la importancia de aprovechar las oportunidades. Salomón dice que "tiempo y ocasión acontece a todos".

Es un hecho que todos hemos tenido tiempo y oportunidades en esta vida. También es un hecho que no siempre son los más rápidos los que ganarán las carreras, no son los más elocuentes quienes tendrán el favor de la gente, sino aquellos que saben apreciar las oportunidades y las aprovechan. Cuando se le presente una oportunidad sea diligente, tómela, aprovéchela. Es nuestra responsabilidad prepararnos para sacarle el mayor resultado posible a las oportunidades. ¿Cuántas veces se nos han presentado buenas oportunidades y no hemos estado preparados para tomarlas? Hay muchas personas que lamentablemente confunden lo que es una oportunidad y le llaman suerte o cosa del destino al hecho de que a alguien le vaya bien. En lo personal, creo que la suerte no existe, sino que hay una que otra persona atrevida por ahí, que está pendiente de todo lo que sucede a su alrededor y sabe aprovechar cada oportunidad que en la vida se le presenta.

SER HUMILDE Y RECONOCER CUANDO SE FALLA. Hoy en día tenemos muchos consejeros, pero lamentablemente muy pocas personas son lo suficiente humildes para reconocer que necesitan ayuda y que a la vez estén dispuestas a poner en práctica cada sugerencia o consejo. Por el contrario, la gente con frecuencia suele decir que hay que tener cuidado ante lo incierto. Hay que ser conservadores al momento de emprender un nuevo proyecto. Estas actitudes son el reflejo de cuánto temen al fracaso o equivocarse, pero también es la evidencia de que su opinión personal está por encima de cualquier sugerencia o consejo, por ello nunca se atreven a emprender nada desafiante en la vida. Estas personas necesitan saber que los errores también son parte del éxito. Nadie, y absolutamente nadie, de aquellas personas que ahora están en la cima del éxito, llegaron hasta donde ahora están sin haber cometido uno o más errores. Lo único que marca la diferencia entre estas personas, y aquellos que nunca se levantaron de su fracaso, es que ellos fueron humildes y reconocieron que algo andaba mal y buscaron ayuda, pidieron consejos y finalmente superaron sus dificultades. Tristemente hay personas que cuando deciden buscar un consejo ya es demasiado tarde, porque lo que ellos realmente necesitan ya no es un consejo, sino consuelo.

RECONOZCA LAS VIRTUDES DE LOS DEMÁS. Usted y yo no tenemos que saberlo todo. Lo que sí es indispensable es tener buenas relaciones. Una buena relación equivale a tener una llave en mano, con la cual abriremos esas puertas que necesitamos que se abran a nuestro favor. Tanto los recursos económicos o logísticos, que tanto necesitamos para la realización de nuestras metas, en muchos de los casos suelen estar en manos de alguien más; por esa razón, es importante reconocer las virtudes de los demás.

EVITE EL ENTRETENIMIENTO EN EXCESO. La televisión, en muchos de los casos, no es más que puro entretenimiento. El entretenimiento se relaciona con la palabra entretener, verbo que puede ser transitivo (entretenerse) o intransitivo (entretener a otro). De cualquier modo, independientemente de cómo se lleve a cabo el entretenimiento, siempre estamos haciendo referencia al acto de mantener la atención de alguien fijada a algo, sea está a través de juegos, deportes, cine, pasatiempos, diversión, placer, etc.

El precio del entretenimiento puede terminar siendo muy costoso, porque no solamente le distrae de todas aquellas cosas que seguramente el día de mañana le serán de gran utilidad, sino que también le limita a prepararse y desarrollarse al máximo, para sacarle el mejor de los resultados a cada oportunidad que en la vida se nos presente. En conclusión: La vida no es injusta como algunos sugieren. Esta simplemente nos revela lo que con ella hacemos y tanto los aciertos como los desaciertos son el resultado directo de cuando menos estas tres cosas:

> EL ENTRETENIMIENTO NO SOLAMENTE LE ENTRETIENE, TAMBIÉN LE ESTÁ ROBANDO TIEMPO Y OPORTUNIDADES.

1- La aplicación y la valorización de cada uno de aquellos consejos, que con una alta dosis de sabiduría, en dado momento a nuestra vida llegó.

2- El rechazo o el ignorar cada uno de los consejos que en la vida se nos haya compartido.

3- La diligencia y determinación al momento de emprender "X" proyecto o la indiferencia ante las oportunidades que en la vida se nos presentan.

Valore y aprecie cada consejo que en la vida reciba y seguramente el día de mañana tendrá menos cosas de que arrepentirse.

ES CURIOSO VER CÓMO LA MAYORÍA DE PERSONAS SE ESFUERZAN CADA DÍA POR ADQUIRIR DINERO, PERO MUY POCO SE ESFUERZAN POR ADQUIRIR UN BUEN CONSEJO. ¿DESDE CUANDO TIENE MÁS VALOR EL DINERO QUE UN BUEN CONSEJO?

EL VALOR DE LAS EXPERIENCIAS

Solamente cuando estamos comprometidos con nuestra superación personal es cuando comprendemos que cada experiencia de vida no solamente es importante, sino necesaria.

El verdadero valor de una experiencia no consiste en lo que se ha vivido, sino en lo que de ella se ha aprendido.

CAPÍTULO 8

Las experiencias no son más que ese conocimiento que se adquiere a partir de las vivencias y observaciones personales. Este conocimiento está vinculado al proceder y saber cómo hacer algo. Aún cuando este conocimiento se adquiere a través de las experiencias vividas, su valor y utilidad puede ser variable, porque dependerá de la forma en que cada persona determine aplicarla en su vida personal. Toda experiencia que ha sido capaz de contribuir en nuestro aprendizaje, indefectiblemente nos conduce a la sabiduría. Hay experiencias amargas, asoladoras, pero que una vez pasaron no solamente nos dejan el recuerdo del dolor o una lección de vida más, sino que también contribuyeron para que ahora seamos un poco más sabios de lo que antes éramos, cuando de tomar decisiones se trata.

Aún cuando se supone que toda experiencia debería de ayudarnos a crecer, si bien es cierto, también existen personas que han tenido que bregar con algunas experiencias, que por dolorosas que estas hayan sido, lo único que dejaron como huella imborrable en la vida de estas personas es un recuerdo doloroso y confuso. Lamentablemente, no todas las personas suelen aprender la lección que una mala experiencia trae consigo. Cada experiencia negativa que haya tenido que vivir en el pasado, debería de producir algún tipo de emoción interna en quienes han tenido que experimentarlas.

Estas emociones deberían de llevarles a una reflexión de valoración y aprendizaje, porque cuando de desarrollo personal se trata, hasta de lo malo se puede aprender algo bueno. Por difíciles y dolorosas que hayan sido las experiencias que en la vida haya tenido que cruzar, asegúrese de aprender la lección de cada una de ellas, y seguramente eso le hará más fácil y práctico el resto de la jornada.

La mayoría de ancianos son poseedores de innumerables experiencias y de una riqueza incalculable llamada sabiduría. Lamentablemente, nuestra sociedad no suele apreciar este tipo de riquezas.

La sabiduría también es ese conocimiento profundo que se adquiere a través del estudio o de las experiencias vividas. Es lamentable que nuestra sociedad prefiera el conocimiento antes que la sabiduría.

El conocimiento no precisamente está sustentado con base en experiencias vividas, sino en información aplicada; y esto ha dejado evidenciado que el conocimiento es más vulnerable que la sabiduría, cuando de tomar decisiones se trata.

> LA SABIDURÍA CONSISTE EN SABER QUÉ HACER, CÓMO HACERLO, SABER LO QUE CONVIENE O NO Y CUÁL ES EL SIGUIENTE PASÓ A SEGUIR.

El rey Salomón en una ocasión dijo: "Mejor es el muchacho pobre y sabio, que el rey viejo y necio que no admite consejos", Eclesiastés 4:13.

Otro de los frutos o beneficios de las experiencias es la madurez. La madurez es una virtud, que no precisamente se adquiere por cuestión de tiempo o por los muchos años vividos. La madurez es el resultado de ese aprendizaje constante, que con el paso de los años y las experiencias vividas podemos alcanzar.

Vivimos en una era de constantes cambios, donde lo que ahora es novedoso, al paso de un año o dos ya no lo será. Muchos de los dispositivos electrónicos que ahora estamos usando como tecnología de punta, a la vuelta de unos años más será algo desfasado. Eric Hoffer, en una ocasión, dijo: "En tiempos de cambio, quienes estén abiertos al aprendizaje se adueñarán del futuro, mientras que aquellos que creen saberlo todo estarán bien equipados para un mundo que ya no existe". Si usted es una persona que tiene metas y sueños por realizar en esta vida, le motivo a que mantenga una mentalidad abierta a los cambios, trabaje arduamente en ello y nunca pierda de vista lo que sueña ser.

Cada una de las experiencias que en esta vida tengamos que cruzar, por difíciles o complicadas que estas sean, temprano o tarde se convertirán en esa fuente de sabiduría que, una vez la aplicamos en nuestras decisiones diarias, entonces, y solamente entonces, obtendremos resultados satisfactorios. Usted nunca sabrá qué tan fuerte o capaz es, hasta cuando ser fuerte o eficiente sea su única opción.

Psicológicamente hablando, todas las experiencias que hemos tenido que vivir a lo largo de nuestra vida son las que nos han ido definiendo hasta lo que ahora somos. Sean estas malas o buenas, han dejado una huella imborrable en nosotros; y digo imborrable, porque es algo que difícilmente nos podemos quitar: no es como un cambio de ropa, que usted decide cambiarlo cuando desea y ya; una experiencia es algo que está ahí y que forma parte de lo que somos. En más de una ocasión, he tenido que escuchar a personas hablarme de algún problema personal, y con frecuencia suelen quejarse de haber pasado por situaciones difíciles, situaciones que nunca pudieron superar y mucho menos olvidar; por el contrario, estas situaciones de alguna manera han contribuido en la forma en que ahora perciben la vida.

Sin embargo, también hay personas que han decidido que las experiencias que tuvieron que vivir, aun cuando estas les causaron mucho dolor, coraje, angustia, resentimiento y odio, entre muchos otros sentimientos negativos, determinaron decirle adiós al pasado, dejando atrás cada una de aquellas experiencias de dolor, porque entendieron que no podrían ser felices viviendo atados en el recuerdo y la amargura de un pasado que ya no existe.

Cada vez que nos ocurre algo que es considerado malo para nosotros, muy poco o casi nunca nos detenemos a pensar en lo mucho que podemos aprender de tal situación, y que no todo puede ser negativo. No siempre somos capaces de comprender que cada experiencia en la vida, sea esta "buena" o "mala", siempre nos dejará algo significativo por aprender. Una experiencia, por negativa que esta haya sido, no precisamente debería considerarse como un fracaso: también podría verse como un aprendizaje. Son pocas las personas que realmente pueden encontrar y reconocer que, en lo que muchos llaman una mala experiencia, fue lo que precisamente les llevó al éxito.

Le invito a que haga una reflexión acerca de todos esos sucesos del pasado, que usted siempre creyó que no le habían dejado nada bueno, que por el contrario usted siempre pensó que tales sucesos afectaron su vida para mal, al punto de llevarle a considerar que esa es la razón principal de todo lo negativo que ahora en día le sucede……. Si ya identificó cuáles fueron dichos sucesos, le invito a que una vez más reflexione, pero esta vez detenidamente, piense en cada uno de los sucesos identificados. Es muy posible que su reflexión final sea que suman más las experiencias positivas que las experiencias negativas que ha tenido que vivir, y que por difíciles que estas hayan sido han dejado algo positivo y de valor en su vida. Esa fue la conclusión a la cual personalmente llegué, basado en mis experiencias personales.

EXPERIENCIAS QUE MARCAN

Hay experiencias que marcan nuestras vidas para siempre. Corría el mes de noviembre del año 1982, justamente había cumplido mis 12 años de edad.

Como consecuencia directa del conflicto armado que sufría mi querido país El Salvador, para esa fecha la zona oriental de mi país natal, se vió terriblemente asediada por una ofensiva guerrillera, la cual provocó un éxodo masivo de personas jamás antes visto en mi corta vida.

Mi familia vivía en una zona rural y nuestra casa estaba ubicada a unos cuantos metros de una calle que provee el acceso a varias comunidades. Desde muy temprano por la mañana hasta el atardecer, aquel éxodo de personas no cesaba. Recuerdo aquellas escenas, porque aparte de las pocas pertenencias que estas personas llevaban consigo, algunas de ellas llevaban también mascotas y algunos enfermos imposibilitados, a quienes tenían que cargarlos en hamacas. Este éxodo duró unos tres o cuatro días, a lo cual nuestra familia también decide sumarse dadas a las amenazas, la inseguridad y las explosiones de las bombas, y el constante sonar de los fusiles a una distancia relativamente cerca.

Después de una larga jornada de camino, recuerdo que llegamos a la ciudad de El Sauce. Y de allí proseguimos a un cantón (comunidad) fronterizo con Honduras, porque también la gente de la ciudad estaba abandonando sus casas. Dos días después llegamos a la ciudad del Amatillo, frontera de El Salvador con Honduras, pensando que si algo peor sucedía nos pasaríamos el río fronterizo y así emigrar a Honduras, y de esa manera escapar y poder estar a salvo. Recuerdo lo difícil que fueron esos días. Ahora que el tiempo ha pasado, y que Dios me ha concedido la bendición de ser padre, no puedo imaginar cómo se sentía mi madre, quien a sus 35 años de edad, aparte de haber experimentado la difícil y dura experiencia de la desintegración de su hogar, ahora tiene que bregar con esta complicada situación.

Dado que yo era el mayor de cuatro hermanos, para esa fecha justamente había cumplido mis 12 años de edad. Mi hermana más chica apenas tenía 4 años. Recuerdo también esa historia, porque la mayor parte del viaje tuvimos que cargarla; en más de una ocasión recuerdo haber tropezado y haber caído con ella porque parte de ese peregrinaje fue de noche. Pero lo sorprendente es que ella no lloraba. Ahora entiendo que el deseo de sobrevivencia es tan poderoso, que uno es capaz de superar cualquier adversidad.

Pasados algunos días, aproximadamente una semana y media, recuerdo que por las tardes escuchábamos las noticias en una pequeña radio y nos enteramos que los combates se habían profundizado un poco más al norte de la zona, y nuestra comunidad ya estaba bajo el control de la Fuerza Armada, por lo cual decidimos regresar. Tomando nuestras pocas pertenencias salimos hacia la ciudad de Santa Rosa de Lima. Recuerdo que abordamos el autobús y mientras nos conducíamos el cobrador pasó recaudando el pasaje, y recuerdo que mi madre había extraviado el dinero, y aquel señor le exigía que le pagase, amenazándole que nos bajaría del autobús si no le cancelaba; recuerdo que mi mamá trataba de explicarle la situación, pero él le exigía aún más; recuerdo haber visto a mi madre llorar en el interior de aquel autobús, porque había extraviado todo su capital, lo cual no era más que ¢34 colones (SVC), un equivalente aproximado a $12.80 al cambio de la época. *Esta experiencia marcó vida. A mis doce años, dentro de aquel autobús pensé: "Un día voy a crecer y voy a trabajar, para que mi mamá no tenga que sufrir".*

Después de esta dura experiencia y por cuestiones de seguridad, mi madre decidió que lo mejor era que me fuera a vivir con sus padres. Doy gracias a Dios por la vida de mi abuelo y por todo su aporte en mi formación como individuo. Mi abuelo fue un hombre excepcional. Su filosofía en relación con el trabajo era la siguiente: "Si vas a hacer algo, hazlo bien y con estilo". Partiendo de esa idea, imagínese el estandar de aprobación de mi abuelo ante aquellas cosas que se me eran delegadas. ¡Ah!, pero mi abuelo no sólo pedía que se hiciese algo, sino también se tomaba el tiempo para enseñar cómo hacer las cosas; por eso para él era sumamente importante hacer las cosas bien, y no aceptaba que las cosas se hicieran a medias. Esa actitud fue importante y crucial en mi formación.

A mis 17 años, por esas cosas que no siempre se suelen entender y bajo circunstancias difíciles y complicadas, tuve que salir de mi país dejando atrás lo que más amaba: mi familia, el colegio, mis amigos etc. Al inicio del libro relaté un poco sobre mi experiencia al momento de llegar a los Estados Unidos.

LA EXPERIENCIA DE MI PRIMER TRABAJO

Recuerdo como si fuese ayer ese lunes 12 de Diciembre del año 1988. Eran las 5:45 p. m. cuando me presenté a mi trabajo, estando ya en este país. Trato de imaginar cuál era mi apariencia ese día. Recuerdo que era época de frío y con temperaturas congelantes. Caminé un aproximado de 30 minutos para llegar a mi trabajo, y que por fin llegué, no sin antes haber sentido que esos 30 minutos se me hicieron horas, por las condiciones del clima.

Mi primer trabajo fue de "busboy", es decir, limpiar mesas en un restaurante. Los días pasaron y consigo también vino mi primer pago. Mi primer pago fue de $96, y dadas las condiciones del clima y tener un turno doble, trabajaba tres horas durante el día y cuatro por la noche. Esto hacia que tuviese que ir dos veces al día mi trabajo. Esto también me permitía pensar y evaluar cuidadosamente cuánto en sí me costaba ganarme el dinero. Mi mejor salario en ese lugar fue de $150 por semana, pero eso implicaba un gran esfuerzo de mi parte y las posibilidades de trabajar más horas eran pocas, dada mi posición de "busboy". Pero como mi deseo de superarme y ganar más dinero era algo que estaba claro en mí, y me mantenía a la expectativa de cualquier oportunidad.

Recuerdo que un día escuché que en la cocina necesitaban un lavaplatos los días sábados, para el turno de la noche. No dudé en pedir que me dieran la oportunidad, así que el día sábado trabajaba de 7 a. m. a 2 p. m. como "busboy", y de 3 p. m. a 12 a. m. lavando platos. A esa hora tenía que emprender mi camino de regreso a casa, de prisa y bien mojado bajo temperaturas casi congelantes, ya que el siguiente día entraba a las 7 a. m. De esta experiencia aprendí dos cosas: La primera es que el dinero tiene el valor de lo que cuesta ganarlo, y la segunda es que cuando la gente no valora lo que produce, tampoco se valora a sí misma, y por ende vende su tiempo y esfuerzo a un precio demasiado barato.

LA EXPERIENCIA DEL ANTICONFORMISMO

Siguiendo ese instinto de superación, aproximadamente diez meses después de haber comenzado en mi primer trabajo escuché que a un compañero de labores le estaban ofreciendo una mejor oportunidad laboral, la cual él rechazó por causa de la distancia. Una vez supe que mi compañero rehusó, empezaron a sonar en mi mente las palabras de mi abuelo, cuando nos decía a mi hermano y a mí: "Nunca digas 'no puedo' sin antes haberlo intentado". Yo quería preguntar: "¿Puedo ir y aplicar por ese trabajo?". Pero algo me decía "no, está muy lejos, no conoces, no tienes carro, no, mejor no". Pero las palabras de mi abuelo no dejaban de hacer eco en mi interior: mi abuelo materno siempre infundió en mí la idea de nunca darse por vencido o conformarse con lo poco.

En lo personal, la experiencia de que mi madre hubiese extraviado el dinero y ver la angustia que ella tuvo que pasar, marcó mi vida y me comprometí a que eso nunca le volvería a suceder a ella. No sé cuánto tiempo duró la conversación entre mi compañero de trabajo y esta persona… creo que no más de un minuto o dos. Pero para mí fue más que suficiente para recordar una y mil historias que marcaron mi infancia y adolescencia. Así que decidí preguntarle a aquella persona:

—¿Tú crees que me pueden dar ese trabajo a mí? ¿Qué necesito hacer?

—Nada —me contestó—. Lo único que necesitas es tener carro.

Inmediatamente consideré la idea de comprarme un carro y poder optar por ese trabajo. No sabía manejar, no tenía licencia de conducir, pero me aventuré, compré un carro y obtuve el trabajo. Mi primer salario fue $190. Pasado los días, me di cuenta de la gran oportunidad que en ese lugar había, pero para ello necesitaba hablar un poco de inglés. Busqué un lugar para ir a aprender inglés los días que descansaba, y poco tiempo después ya estaba ganando aproximadamente $500 semanales; y de limpiar mesas, ahora estaba en la función de asistente de manager. De esta experiencia aprendí que vale la pena soñar y creer en las posibilidades, que los conformistas se quejan más de lo que producen, que para todo encuentran una excusa, y por más que se justifiquen a sí mismos, al final del día lo que realmente cuenta son los resultados, y estos sólo aparecerán cuando se esté dispuesto a hacer y dar algo más que promedios, y decirle no al conformismo.

LA EXPERIENCIA DEL ATREVIMIENTO

Como todo joven que aspira a tantas cosas que otros jóvenes tienen o hacen, claro que teniendo la posibilidad económica que en su tiempo tenía, no dudé en darle libertad a mis aspiraciones. Corría el mes de mayo del año 1991, y no resistí a la idea de comprarme un auto nuevo. Me atreví y lo hice. Recuerdo que era un Mustang GT 5.0 color verde metálico con un tono gris en los spoilers, muy lindo, cero millas. La verdad lo disfruté mucho y dos años más tarde ya lo había terminado de pagar. No olvidándome, por supuesto, de mi compromiso que un día a mis 12 años había hecho, de que un día crecería y ayudaría a mi madre, cosa que hasta el día de hoy gracias a Dios lo he hecho de forma ininterrumpida.

Corría el mes de marzo del año 1993, cuando en ese momento quien fuese mi jefe me compartió la idea de que si quería comprar una casa, ya que él era un agente de bienes y raíces, y supo de una casa que estaba a la venta, y a un precio inimaginable. Me motivó a que la comprara y a que no le tuviese miedo a los retos, ¿y qué cree que hice? Me atreví, a pesar de no tener más que un status de protección temporal (TPS) y no el de residencia permanente, como me hubiese gustado. Me atreví y para el mes de abril de ese año, yo ya había comprado mi primera casa. Apenas tenía cuatro años y medio de haber llegado a este país y ya había alcanzado ciertos logros. Recuerdo que mi mayor felicidad no radicaba en tener mi propia casa o manejar un carro nuevo, sino en el hecho de saber que el día que mi madre viniese a este país, se pudiera sentir bien y en algo propio.

> CON EL PASO DE LOS AÑOS, TAMBIÉN APRENDÍ QUE SE PUEDE PRODUCIR MUCHO MÁS CON LAS IDEAS QUE CON EL TRABAJO FÍSICO.

Con el paso del tiempo, y mientras muchos de mis excompañeros de trabajo continuaban trabajando en el mismo lugar, yo seguía firme en mi compromiso de poder ayudar a mi madre y mis hermanos, y por ende superarme en cuanto me fuese posible.

Me gustó tanto esa experiencia de poder ser dueño de una casa, que para el mes de febrero del año 1998 me atreví a comprar mi segunda propiedad; en ese momento, supe que el mercado de bienes y raíces era muy rentable y una muy buena oportunidad para invertir a largo plazo; y a Dios gracias, hoy por hoy, he tenido la bendición de adquirir varias propiedades.

A mediado de los años 90s conocí un poco de los programas de multiniveles, esto fue algo que me llamó la atención, pero me di cuenta que no era lo mío. En el año 2003, tuve la oportunidad de asistir a un seminario motivacional llamado *Get Motivated!*, que se desarrolló en Houston. En ese evento escuché por primera vez, de una forma más detallada y con diapositivas, sobre el cómo invertir en la bolsa de valores, lo cual me interesó mucho.

Aún cuando me gustó mucho la idea del mercado bursátil, no tuve el valor de invertir en este, por la falta de conocimiento y la mala información de quienes no saben.

Vale la pena soñar y establecer metas claras y medibles. De esta experiencia, aprendí que ser atrevido puede terminar siendo interesante, sobre todo cuando los resultados empiezan a verse. Vale la pena creer en un sueño y no darse por vencido, a pesar de la oposición. Atrévase a soñar, que si crees que puedes, podrás.

LA EXPERIENCIA DE LO DESCONOCIDO

Cada experiencia puede terminar siendo influyente en el desarrollo de nuestras metas. La experiencia que me dejó mi primer trabajo contribuyó mucho en el cómo valorar y cuidar el dinero. De la experiencia de no ser conformista, aprendí que si las oportunidades no vienen a usted, hay que estar a la expectativa, porque temprano o tarde se encontrará con ellas. De la experiencia de ser atrevido, aprendí que para crecer y desarrollarse hay que atreverse, y solo en la medida que se atreva se dará cuenta de lo que es capaz de lograr. Cada una de estas experiencias despertaron en mí la idea y un gran deseo de continuar creciendo, pero lo que en esta ocasión se me estaba proponiendo era algo totalmente desconocido para mí, y obviamente algo nunca antes hecho. Era el año 2007, cuando mi amigo Chuck Kaliszewski me compartió de una gran oportunidad de poder invertir en una compañía Israelí, Zion Oil & Gas, Inc. Interesado en saber cómo producir más, le pregunté: "¿Qué hay que hacer, en qué consiste esa idea?". Me comentó que se trataba del mercado bursátil ("Stock Market"), y que había que abrir

una cuenta con un corredor (bróker). La incertidumbre por lo desconocido me decía "no lo hagas", pero por otro lado, mi amigo estaba diciéndome:
"Si solo son $700 lo que vas a invertir". Tomé su palabra, fui y abrí mi cuenta, y compré mis primeras 100 acciones, con un valor de $7 por acción. A partir de ese momento, me di la tarea de documentarme lo más que pude al respecto, y a medida que las acciones, que recién había comprado, tuvieron la tendencia a ganar valor, compré 600 más. Dado a mis ocupaciones diarias, casi siempre llegaba tarde a casa; y a pesar del cansancio, me dediqué a educarme sobre el mercado bursátil, invirtiendo largas horas, día tras día, leyendo sobre este mercado.

Pasados algunos meses, nos encontramos ante la sorpresiva noticia del colapso financiero del año 2008. Ese mes de septiembre del 2008, el mercado bursátil sufrió una de sus peores caídas en su historia. Gracias a la dedicación en documentarme, sobre cómo estudiar las gráficas, los indicadores y muchas otras cosas que conciernen en este mercado, mientras todo mundo hablaba de pérdidas y caídas del mercado, yo me di a la tarea de comprar más acciones, y las primeras 700 acciones que había comprado algún tiempo atrás, ahora tienen el valor que superan los $17 por acción. ¿Qué cree que hice? Sí, las vendí, y me gané los primeros $7,175.

Muy motivado por esta experiencia, que aún era un tanto desconocida para mí, ahora estoy comprando más acciones y experimentando una nueva etapa de productividad. Durante el año 2008, compré muy pocas acciones y me dediqué más a leer y estudiar al respecto; sin embargo, logré hacer algunas transacciones, las cuales me permitieron ir ganando un poco de experiencia. Para el año 2009, tenía un capital de aproximadamente $40,000, en combinación con lo que había invertido y lo que había ganado para la fecha. Para el año 2010, tuve algunas experiencias que me motivaron a dedicarle más tiempo a este mercado. Unas de mis mejores experiencias fue cuando un buen día compré 1,600 acciones en una compañía británica: compré a $4.05 y dos meses después las vendí a un precio de $9.25. Invertí en varias compañías extranjeras, y a Dios gracias me fue muy bien. Aprendí a usar el método "rollover". Finalmente, una de mis mejores experiencias fue cuando en una ocasión compré 3,500 acciones en una compañía que elabora baterías para autos híbridos; compré a $2.85 y unas semanas después vendí a $9.65. Para finales del año 2010, mi cuenta, que comenzó con solo $700, ahora supera los $100,000. Mi inversión total fue de menos de $40,000. Mi experiencia en este mercado, aun cuando me era un tanto desconocida, en un periodo de solamente tres años ya había producido una muy buena cantidad de dinero.

En febrero del año 2010 tuve la oportunidad de asistir a otro evento de *Get Motivated!* En ese evento estarían compartiendo las plenarias Zig Ziglar, Rudy Giuliani, Sarah Palin, Rick Belluzzo, General Collin Powell, Tamara Lowe y James Smith, entre los expositores que recuerdo. En ese seminario escuché por primera vez hablar en detalle sobre el mercado de divisas ("Forex") y de los embargos preventivos de impuestos ("tax liens").

De esta experiencia aprendí que vale la pena creer y darse una oportunidad, aun cuando nunca lo hayamos hecho antes. Hay muchas fuentes de ingresos que quizás hoy le sean desconocidas, pero si usted está comprometido con su futuro, con su desarrollo y su crecimiento, tiene que saber que se puede producir más con las ideas que con el trabajo físico. Conozco gente que ha tenido mucho dinero, pero por carecer de ideas se acabaron el dinero. Una buena idea es capaz de producir dinero: dele libertad a su imaginación, que aun cuando no lo conozca todo, debe de darse la oportunidad y en el proceso aprenderá lo que ahora le es desconocido.

LA EXPERIENCIA DEL DESALIENTO

Como lo comenté al inicio, las oportunidades no siempre se presentarán de una forma atractiva; de hecho, casi nunca se presentan de la mejor forma, por el contrario, a veces suelen disfrazarse de una crisis o de un problema, pero nuestra actitud determinará cuál será su fin.

Recuerdo que en el mes de diciembre del 2010, movido por el deseo de comprar otra propiedad y aprovechar el buen momento del mercado de bienes y raíces, y a su vez, por querer recuperarme de una pérdida cuantiosa a causa de un mal negocio, fue cuando pensé: "¿Qué puedo hacer para recuperarme? Algo tengo que hacer para salir de esta situación". Mientras pensaba en qué hacer, recordé los más de $3,000 que había invertido en el seminario de los embargos preventivos de impuestos ("tax liens"), que para ese momento no me habían dado ningún beneficio. Mientras pensaba qué hacer, me puse a revisar algunos de mis apuntes que en dicho seminario había tomado y me encontré con una nota, donde algunos meses atrás, con mi puño y letra, había escrito la cantidad que me proponía producir mensualmente.

El deseo, al igual que una meta, sin importar qué tan buena esta sea, si no se acciona, nada pasa. Empecé a leer un poco sobre mercado de divisas ("Forex"). Mientras leía al respecto, revisaba mis apuntes para tratar de recordar lo aprendido en el seminario. Pasados los días, me atreví e invertí la suma de $37,000, la cual para el mes de marzo del 2011, tres meses después, ya la había convertido en $82,000. ¿Recuerda que dije que "empecé a leer un poco al respecto"? Sí, eso fue lo que hice. No me documenté lo suficiente y los resultados inmediatos me engañaron. Sólo me concentré en hacer dinero, pero no en profundizar y conocer cómo funciona este mercado en su totalidad, y en cómo proteger mi inversión. Ese mismo mes de marzo, el día 15 para ser exacto, perdí una suma de $54,000. Esta experiencia me desestabilizó, porque no solamente es el hecho de perder, sino el peligro en el cual se encontraba el resto de mi inversión, o lo poco que me quedaba, mejor dicho.

Continué trabajando en mi idea y eventualmente me recuperé de mis pérdidas. Durante el año 2012, llegué a superar sumas de $80,000 por mes, pero lamentablemente en en diciembre de ese mismo año también tuve una pérdida que superó los $362,000.

Este nuevo tropiezo me desestabilizó muchísimo, y tratando de asimilar lo sucedido le llamé a mi amigo Carlos Ortiz, quien vive en Miami, Florida, y le comenté mi situación, y Carlos rápidamente identificó dónde estaba el problema. Carlos me preguntó algo que lo recuerdo a menudo: "¿Cuánto dinero perdiste? ¿Cuánto dinero estabas haciendo mensualmente?". "Tanto", contesté. "¿Y para qué querías ese dinero?". Y en ese momento no tuve una respuesta práctica y clara, y entonces Carlos me dijo: "Ahí está tu problema: confundiste el medio con el fin. El dinero es solamente un medio para llegar a un fin". Esa lección me costó muy cara, pero como dije al inicio del libro, sé qué se siente caer, sé qué es estar en el piso, pero también sé cómo levantarme.

Entendiendo que todos los tropiezos que hasta este momento había tenido, en este nuevo proyecto, eran por falta de información y por eso empecé a documentarme. Recuerdo que en una ocasión, en un seminario en línea ("Webinar"), alguien sugirió que siempre se debe tener en mente que este mercado es un mercado global, y que está propenso a cambios inesperados, dado a la globalización misma. Esta persona sugirió: "Nunca se debe invertir más del 10 % al 20 % del capital y se debe de dejar el 90 % o el 80 % para un margen de soporte, en caso de que hayan cambios bruscos en el mercado". Y yo estaba invirtiendo hasta un 75 % y dejando solamente un 25 % de margen. Este mercado es muy interesante, porque se puede ganar dinero, sea a la alza o a la baja, pero sus riesgos también son inminentes, sobre todo cuando no se tiene el conocimiento necesario.

De esta experiencia aprendí que la ignorancia puede terminar siendo muy costosa y frustrante. La sabiduría, la inteligencia y el conocimiento son ingredientes indispensables para poder tener éxito en la ejecución de cualquier proyecto. En lo personal, carecía de algunos de estos ingredientes. No fue hasta tiempo después, que en respuesta a mis cuantiosas pérdidas, decidí documentarme al máximo en la materia, para evitar situaciones similares en el futuro.

Tuvieron que pasar más de tres años, para que una vez más pudiese estar en pie económicamente hablando. Obviamente no en el mismo nivel, ni con la misma capacidad que antes, pero sí en pie, que es lo que cuenta: soñando y creyendo que mis mejores días aún están por venir. No me fue nada de fácil superar esta situación, ya que mis compromisos adquiridos para esta inversión eran muchos, y a esto tengo que agregar que casi todo el capital que había ganado en el mercado bursátil también lo había transferido para mis cuentas de "Forex". El tiempo ha transcurrido, y con este, también nuevas experiencias. Recuperar el capital perdido no ha sido tarea fácil. En la actualidad, sigo trabajando el mercado de divisas, pero soy mucho más calculador y sensato al momento de invertir, retirando parte de las ganancias semanalmente para invertirlas en otros rubros, ya que la avaricia por querer generar dinero puede ser insaciable, y lo peor aún, se puede terminar sin una cosa ni la otra.

LA GENTE CON FRECUENCIA SE QUEJA POR LO COSTOSA QUE ES LA EDUCACIÓN, PERO LA IGNORANCIA PUEDE TERMINAR SIENDO MUCHO MÁS COSTOSA Y FRUSTRANTE DE LO QUE SE PUEDE IMAGINAR.

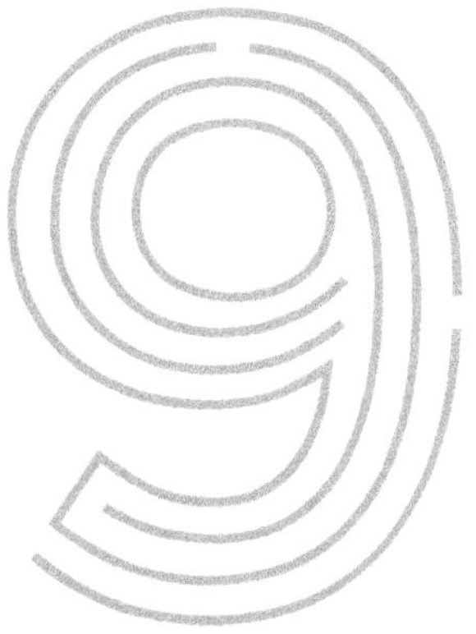

EL PODER DE LA PERSEVERANCIA

Mientras el talento nos provee la esperanza para alcanzar algún logro en la vida, la perseverancia nos lo garantiza.

No importa qué tan prolongado sea el camino por recorrer, quienes se rinden no se rinden por falta de fuerzas, sino por falta de perseverancia.

CAPÍTULO 9

¿Qué es la perseverancia? Una de las definiciones de la palabra perseverancia es la siguiente: "El término perseverancia proviene del latín perseverantia, que significa constancia, persistencia, firmeza, dedicación". Tanto en las ideas como en las actitudes, o en la ejecución de cualquier proyecto, la perseverancia es un ingrediente indispensable. La perseverancia, a diferencia de las habilidades, es capaz de llevarle a la realización de sus sueños.

Mientras el talento nos provee la esperanza para alcanzar algún logro en la vida, la perseverancia nos lo garantiza. Hay personas que tienen talentos envidiables, pero lamentablemente muy pocos resultados. Sin importar cuán talentosa una persona pueda ser, no hay éxito sin perseverancia.

Los talentos son importantes pero no lo son todo, porque lo que en realidad cuenta es la realización de lo que nos proponemos, y eso no sucederá, a menos que seamos personas perseverantes en lo que hacemos. Nunca empiece algo a lo cual no le pueda dar continuidad. Recuerdo que hace algunos años, emocionado por querer aprender a tocar piano, fui y me compré uno. Mi deseo por aprender era tal, que fui y tomé algunas clases de piano y aprendí algunas notas. Debido a mis ocupaciones no pude continuar con las clases; trabajaba los siete días de la semana, pero cada vez que llegaba a casa, aun cuando era un poco tarde, siempre trataba de tocar un poco el piano y practicar las notas que había aprendido, hasta que un día mi sobrino de ocho años me dijo: "Tío, déjame dormir, ¿por qué siempre tocas lo mismo?".

La perseverancia es la capacidad misma para continuar y seguir adelante a pesar de las dificultades, los obstáculos, la frustración, el desánimo, el fracaso o la tendencia misma a darse por vencido, o abandonar lo planificado. Una persona perseverante persigue sus objetivos y sus metas con firmeza, es dedicada, termina lo que empieza, se mantiene concentrada y trabajando en sus metas con constancia, y si fracasa vuelve a intentarlo, mejorando el método antes empleado. Por lo general, toda persona que es perseverante en lo que hace es alguien optimista y con un estado de ánimo muy positivo; no tiene problemas con su autoestima; por el contrario, su estima es muy elevada y suele poseer la capacidad de autocontrol o dominio propio.

> **LA PERSEVERANCIA NO ES UN ASUNTO DE TALENTOS O HABILIDADES SOLAMENTE: ESTA TIENE QUE VER CON ACABAR LO QUE INICIAMOS.**

Las personas perseverantes son individuos que tienen un propósito definido, saben lo que quieren lograr, se comprometen consigo mismo y con sus metas, y no descansan hasta convertirlas en realidad. La perseverancia nos enseña a autodisciplinarnos, a ser perseverantes en lo que creemos y hacemos, y esto implica saber decir no cuando hay que hacerlo.

Una persona perseverante es alguien que nunca se da por vencida, aunque todo a su alrededor se vuelva incierto y aparentemente ya no haya razón para continuar. Los perseverantes son individuos que tienen el carácter para anteponerse ante cualquier adversidad, sus palabras armonizan con su comportamiento, saben que las excusas satisfacen a quien las da, pero pueden debilitar el carácter de quienes las aceptan.

Abraham Lincoln fue un hombre perseverante. Se dice que desde el año 1831 a 1843 intentó ser un representante en varias ocasiones y fracasó. Y desde 1848 a 1858 trató de ser senador en dos ocasiones y fracasó.

Pero su perseverancia fue tal, que en 1860 fue elegido presidente de Estados Unidos, después de haber perdido más de diez elecciones. Cuando presentó su candidatura para presidente, un periodista le preguntó: "Señor Lincoln, ¿usted no se cansa de fracasar? Ya ha perdido más de 10 elecciones. ¿Qué le hace pensar que ahora puede ganar?". Lincoln le contestó pausadamente: "Para mí, esos reveses no han sido fracasos, han sido resultados no deseados. Yo voy a conseguir la igualdad de los hombres, por eso voy a ganar esta elección y voy a cambiar esta nación".

Cuántas personas, que en su momento apuntaban a ser grandes empresarios, se rindieron ante la amenaza o la posibilidad de tropezar y fracasar. El temor a tropezar y fracasar pudo más, que aquella pasión que en su momento los movía a trabajar y dar lo mejor de sí. Lo peor que le puede suceder a alguien no es haber fracasado en su intento de superación, sino el no ser capaz de levantarse después de haber caído. Mientras se tenga un sueño, una meta, un deseo por conquistar, se debe estar dispuesto a levantarse cuantas veces sea necesario y ser perseverante en lo que se hace.

Thomas Edison explotó miles de bombillos, hasta que por fin consiguió desarrollar el primer bombillo con alumbrado eléctrico. Si se hubiera rendido en la 3,656 o en el 8,525 intento, no hubiera alcanzado su meta. En una ocasión, le preguntaron a Edison: "¿Cómo pudo tolerar tantos fracasos?". Él respondió: "¿Fracasos? Fueron ensayos que me aportaron información útil para poder lograr mi objetivo".

Thomas Edison nunca se dio por vencido, nunca se desanimó, siempre veía que, si su esfuerzo no funcionaba, habría otra manera de hacerlo.

El secreto de su éxito no está en que usted nunca se desanime, sino en que nunca se dé por vencido, en vencer la duda y el temor, ya que estos son enemigos mortales de la perseverancia.

Cristóbal Colón, a pesar de haber recibido muchos "NO" a sus peticiones de ayuda, nunca se rindió. No hubiera conectado América con el resto del mundo, si se hubiera desalentado después de recibir cientos de respuestas negativas a su solicitud. Todo el mundo se reía de él, cuando iba de un sitio a otro pidiendo ayuda económica para su viaje. Lo veían como un aventurero, pero él estaba plenamente convencido de lo que quería, y cuál era su visión y su propósito. ¡Y vaya que tuvo razón en su idea!

LA PERSEVERANCIA, A DIFERENCIA DE LAS HABILIDADES, ES CAPAZ DE LLEVARLE A LA REALIZACIÓN DE SUS SUEÑOS.

Las personas perseverantes casi siempre tienen éxito en lo que emprenden, porque nunca se dan por vencidos y porque saben reconocer que:

1- SI LO QUE SE ESTÁ VIVIENDO NO ES IGUAL AL SUEÑO QUE SE QUIERE ALCANZAR, SIGNIFICA QUE AÚN HAY MUCHO POR HACER.
Nunca se dé por vencido, a pesar de la falta de resultados o lo complicado del proceso: continúe el camino trazado, hasta llegar a la meta final. Sea cual sea la realidad continúe. Piense que lo que en este momento posiblemente este cruzando es algo temporal solamente.

2- EN CADA FRACASO HAY UNA SEMILLA DE ÉXITO.
Detrás de cada adversidad puede haber una gran bendición. Es fácil pensar que lo contrario al éxito es el fracaso. Sin embargo, lo que realmente hace que una persona no llegue

al éxito soñado o a la realización de sus metas no es por causa de los obstáculos o haber tropezado y caído en el intento, sino por causa de la mediocridad y el conformismo. El fracaso hasta cierto punto es algo inevitable, y no precisamente se debe tratar de evitar, porque una vez lo haya superado, seguramente no será el mismo.

3- EL FRACASO NOS HACE MÁS CAPACES, NOS ENSEÑA CÓMO NO HACER LAS COSAS Y A BUSCAR OTRAS ALTERNATIVAS.

El fallar o equivocarse en el intento, para muchos es sinónimo de fracaso; y para evitar tales experiencias, nunca se atreven a emprender nada desafiante en la vida. Nadie y absolutamente nadie de las personas, que ahora están en la cima del éxito, llegaron hasta donde ahora están sin haber cometido uno o más errores. Es que curiosamente los errores, los fracasos y las equivocaciones también son parte del éxito.

4- MIENTRAS NOS ENFOQUEMOS EN LOS FRACASOS, ES CASI IMPOSIBLE ALCANZAR EL ÉXITO.

Hay que tener la capacidad y la valentía de sepultar el fracaso y sus experiencias negativas, y sustituirlo por las experiencias positivas y los logros alcanzados. Difícilmente llegaremos a la realización de nuestras metas si nuestro enfoque está centrado en nuestros fracasos. Concéntrese en lo que sueña, que si crees que puedes seguramente podrás.

5- LAS PERSONAS PERSEVERANTES TIENEN CLARO CUÁLES SON SUS OBJETIVOS.

Una persona perseverante tiene clara la razón por la que lucha día a día. Entiende lo que significa el compromiso, y que para llegar a la meta final es necesario establecer prioridades que le garanticen que lo que se propone temprano o tarde lo logrará. Si queremos que nuestros sueños se conviertan en realidad, debemos de considerar, cuando menos, estas dos opciones:

1. Asumir la responsabilidad de nuestras acciones.
2. Tener claro que nada surge por casualidad.

La vida es relativamente corta, hay que aprovecharla y vivirla intensamente. Hay que ser perseverante.

Mientras otros digan que no se puede, usted vea las posibilidades y hable de cómo hacerlo; mientras otros hablen de escasez y de dificultades, usted hable de abundancia y de oportunidades; mientras otros digan que es difícil y que no se puede, usted diga si crees que puedes, podrás, porque para el que cree, todo es posible.

No se rinda, a pesar de no tener los resultados deseados. Recuerde que el éxito es algo que está reservado solamente para aquellos que son perseverantes y están dispuestos a darlo todo, con tal de lograr lo que se han propuesto. Son muy pocas las personas que se atreven a hacer historia, son muy pocos los que hoy en día están haciendo grandes hazañas, son muy pocas las personas entregándose a su misión personal y profesional.

La perseverancia y determinación es un territorio que casi nunca es frecuentado por quienes se conforman con la mediocridad. Cada vez son menos quienes se atreven a recorrer este camino, ya que muchas veces se vuelve complicado y hostil, pero que su destino indefectiblemente será el éxito.

No se rinda, sea perseverante, que los mejores aprendizajes de nuestras vidas también suelen ocurrir en los momentos más difíciles. Sea perseverante en lo que cree o hace, y le aseguro que usted descubrirá cuando menos dos cosas:

1- Usted descubrirá que hay muchas más oportunidades esperando por usted, de lo que usted mismo imaginaba.
2- Usted también descubrirá que su final no ha llegado, por el contrario, aún hay mucho por hacer y por ende mucho que dar.

No se rinda, crea que usted puede llegar a brillar mucho más de lo que es capaz de imaginar, porque usted nació para ser grande entre los grandes, usted también puede llegar hasta donde otros han llegado. Siembre esa semilla de esperanza en el interior de su corazón, que más temprano que tarde seguramente germinará.

Ahora bien, cuando usted siembra una semilla, el fruto no siempre es garantizado, aun cuando la semilla lleva vida en sí y esta tiene la capacidad de poder dar mucho fruto. ¿Por qué no siempre se cosecha el fruto deseado, aun cuando la semilla tiene un potencial que es altamente prometedor?

1. Porque la tierra donde ésta se plantó no se preparó adecuadamente.
2. Por no cuidarla debidamente durante el proceso de germinación.
3. Por no cuidarla durante su crecimiento y desarrollo, etc.

Note lo siguiente: que nada de lo antes mencionado tiene que ver directamente con la semilla. La semilla lleva consigo el potencial para cumplir el propósito para el cual esta existe.

Nunca se está tan cerca del fruto, como cuando se siembra la semilla; sin embargo, si no se tienen en cuenta estos factores, todo puede quedar en una ilusión. Cada una de nuestras ideas y deseos de progreso son similares a una semilla, que aun cuando tengan gran potencial, nunca serán más que ideas y buenos deseos, a menos que trabajemos con perseverancia en su realización y cuidemos celosamente de su proceso. Una idea o un sueño son semejantes al embarazo de una mujer; la realización de un sueño es similar a dar a luz un hijo; si la mujer no da a luz a su hijo en su tiempo estipulado, el doctor, como medida de seguridad, le provocará los dolores de parto, porque de lo contrario su hijo puede morir en el mismo vientre que lo desarrolló y que lo mantiene vivo. Así suelen ser nuestros sueños: no se puede vivir toda la vida deseando y queriendo solamente… vendrá su momento en que debe de darlos a luz, o de lo contrario pueden morir dentro de nuestro interior.

Todo aquello que es capaz de darle alegría, también puede darle tristeza; todo aquello que le ilusiona e impulsa a ir hacia adelante, también puede desilusionarle y apagar sus aspiraciones. Dios nunca nos da un sueño para que lo sepultemos en nuestras incredulidades y frustraciones: no tenga miedo a intentarlo de nuevo. Recuerde que hasta nuestros fallidos intentos contribuyen a que seamos una mejor persona, más sabia, más astuta, más prudente. Por encima de cual sea su realidad, debe de creer que usted nació para vencer. Crea que Dios ha depositado en usted un potencial extraordinario para su realización, pero se requiere ser perseverante y trabajar arduamente para desarrollar cada una de esas habilidades, que le permitirán hacer que sus sueños se conviertan en realidad.

Es muy posible que usted conozca casos de personas que, con ideas sencillas y simples, llegaron a la realización de sus sueños y ahora son empresarios sumamente exitosos.

Estoy convencido de que cada una de las personas que han alcanzado el éxito, y que ahora son grandes empresarios, nunca dudaron ni perdieron de vista lo que querían ser, y fueron muy perseverantes trabajando arduamente en pro de sus metas, y que a pesar de las dificultades y posiblemente sin tener los recursos necesarios, nunca se dieron por vencidos, sino que siguieron adelante, a pesar de todas sus frustraciones y el desánimo, y persiguieron sus objetivos y sus metas con firmeza, hasta convertirlos en esa realidad soñada, y por eso ahora son las personas de éxito que la sociedad conoce.

John Maxwell, en su libro titulado *Las 15 leyes indispensables del crecimiento*, nos dice: "El crecimiento no es algo que nos sucede y ya, si usted tiene sueños, objetivos o aspiraciones, debe crecer para alcanzarlos, pero como el resto de las personas, lo más seguro es que usted crea en ciertas ideas que no le permiten crecer y desarrollar todo su potencial".

Lo cierto es que nada pasa por mera casualidad. Usted debe de tener la intención y el compromiso de ser mejor y superar esas áreas que no le han permitido ser lo que sueña ser. Lo único que nos impide que hagamos realidad nuestros sueños es la inconsistencia, o sea la falta de perseverancia. Tanto el crecimiento y el desarrollo no es el resultado de una intención solamente, sino la evidencia de ser consistentes y mantenerse trabajando en lo que se cree, aun cuando los resultados no aparezcan por ningún lado.

Es posible que usted haya escuchado aquella famosa y co-nocida frase: "Si quieres que te vaya bien en la vida, prepá-rate, aprende un oficio y estudia". La idea de prepararse y desarrollar ciertos talentos y habilidades es importante, pero también creo que la perseverancia es tan o más importante que el talento mismo, igual o más poderosa que la inteligen-cia y tan eficiente como la mejor estrategia. Pueda ser que no todos podamos presumir de ser verdaderos genios o de poseer un diploma universitario, o quizás haber egresado de una escuela de cierto prestigio, pero sí todos podemos ser perseverantes en lo que creemos o hacemos. El ser perseve-rantes y nunca darse por vencidos, a pesar de las limitacio-nes, problemas, amenazas, o ante lo incierto, es una virtud que no solamente alienta a quienes la poseen e inspira a quienes están a nuestro alrededor, también es una garantía que en su tiempo dará sus frutos.

Nada ocupa y enfoca más la mente de una persona, como cuando se trabaja en una meta que demanda y exige dar lo mejor de sí. Y como valor agregado, esto pone a prueba el carácter. Cuando existe un deseo ardiente de ser mejor de lo que se es, cuando el deseo de ser la persona que siempre soñó ser puede más que cualquier sentimiento, aun cuando antes de lograr lo que usted se ha propuesto ser, tenga que experimentar el dolor de la caída, pero si usted es una persona perseverante en lo que cree y hace, estoy seguro que se levantará cuantas veces sea necesario y no descansará hasta no sentir la satisfacción de haber logrado lo que un día soñó ser.

Ningún logro importante en la vida estará libre de obstáculos: aun cuando estos suelen ser incómodos, se debe de estar agradecido cuando estos ocurren, porque estos se convierten en el terreno de nuestra práctica, ya que cada experiencia nos preparara para una victoria futura. El crecimiento y desarrollo personal requiere de ese deseo interno de querer cambiar y superarse, pero más que cualquier deseo, es cuestión de voluntad y perseverancia. La perseverancia mantiene viva nuestra fe y esperanza aún en medio de los desafíos e incertidumbres que en la vida tengamos que enfrentar. La perseverancia le ayuda a seguir avanzando; sin embargo, podría ser tentador darse por vencido y dejar de lado sus sueños.

Vivimos en la era del intercambio, de la satisfacción inmediata. Lo que queremos, lo queremos aquí y ahora y de la forma en que lo queremos, sin retrasos, sin sustituciones y sin excusas. Lamentablemente, muchas personas están viendo la realización de sus metas bajo esta nueva estructura y nuevos conceptos.

SI ASPIRAMOS A UN VERDADERO CRECIMIENTO Y DESARROLLO PERSONAL, ES NECESARIO CONSIDERAR QUE ESTO NO ES ALGO QUE SUCEDERÁ DE UN DÍA PARA OTRO.

El emprender un nuevo oficio y pretender tener dominio de forma instantánea, o lograr un desempeño impecable al primer intento es casi imposible: simplemente esa no es la forma en que opera el éxito. La paciencia y la perseverancia son la base fundamental de lo que eventualmente resultará en algo verdaderamente exitoso.

Sin importar cuán grandes o modestos sean sus sueños, establezca tiempos de ejecución, no sin antes recordarle que el ritmo en el que se hacen las cosas es irrelevante en la perseverancia. No importa que vaya despacio, siempre y cuando no se detenga. Sea perseverante, constante y paciente, y esto le permitirá conseguir poco a poco, y día a día, acercarse a lo que siempre soñó ser. La paciencia y la perseverancia son dos de las cosas más difíciles de mantener, especialmente por aquellos que quieren resultados instantáneos, porque estas ponen a prueba de fuego el compromiso. Pero si usted es una persona que es persistente y paciente con el afán de hacer bien las cosas, como consecuencia conseguirá los resultados deseados. Mi abuelo solía decirme: "Haz bien las cosas y con estilo". Ahora entiendo que seguramente lo que él quería decirme era que no fuera un mediocre, que hiciera las cosas bien y con pasión.

> LA PERSEVERANCIA ES TAN O MÁS IMPORTANTE QUE EL TALENTO MISMO, IGUAL O MÁS PODEROSA QUE LA INTELIGENCIA Y TAN EFICIENTE COMO LA MEJOR ESTRATEGIA.

La falta de perseverancia es lo único que impide que sus sueños se conviertan en realidad. Si usted pierde la paciencia y deja de ser perseverante, lamentablemente no gustará de tener la satisfacción que los resultados traen consigo. Pero en la medida en que esté dispuesto a hacer lo que sea necesario por la realización de sus sueños, nadie podrá impedirle que llegue a su meta.

No se rinda, aun cuando no tenga los resultados que desea. Recuerde que el éxito es algo que está reservado solamente para aquellos que son perseverantes, y que están dispuestos a dar lo mejor de sí, con tal de lograr lo que se han propuesto.

SI QUEREMOS LOGRAR RESULTADOS SATISFACTORIOS, LA PERSEVERANCIA ES NUESTRA UNICA OPCIÓN.

SI CREES QUE PUEDES, PODRÁS

Si usted no tiene un plan de trabajo seguramente alguien le hará parte de su plan, si no tiene claro a dónde se dirige sepa que corre el peligro de terminar siguiendo a otras personas y terminar como la mayoría de ellas termina.

Se dice que solamente 5 % las personas logran su independencia financiera, porque siguen fielmente un plan de trabajo; mientras el 95 % se la pasa quejándose, perdiendo el tiempo siguiendo a gente que ni siquiera sabe hacia dónde se dirige en esta vida.

CAPÍTULO 10

No pretendo enseñarle nada nuevo: simplemente quiero compartir con usted algunos principios que seguramente ya los conoce, pero que al recordárselos seguramente le serán de gran utilidad y posiblemente le ayudarán a desempolvar o desenterrar algunos dones o habilidades que usted ya posee.

Hay personas que son poseedoras de grandes talentos y de extraordinarias habilidades, pero lamentablemente las han descuidado o simplemente las desconocen. Si usted está interesado en saber cómo hacer realidad sus sueños, entonces le será imperativo poner en acción cada una de sus habilidades y desarrollar cada uno de sus talentos.

En la medida en que tome decisiones sabias e inteligentes, y haga diligentemente lo que le corresponde hacer, le aseguro que obtendrá los resultados soñados. No olvide que una actitud positiva y optimista es contagiosa y a su vez indispensable, para mantener vivos nuestros sueños y continuar así en el camino de los soñadores.

Así que mientras se proponga a ser todo lo que pueda ser es muy posible que alguien le esté observando queriendo algún día ser como usted. Quizás sin saberlo, pero usted se ha convertido en un medio de inspiración para otras personas, por lo cual no puede bajar sus estándares de visionario y mucho menos desistir de su compromiso de superación personal.

Le motivo a que continúe soñando y siga pensando con cosas grandes, porque si es capaz de pensarlo y de creerlo, seguramente también será capaz de realizarlo. Que nada le distraiga, crea que sus mejores días pueden ser los que estén por venir, y que sus momentos más emotivos aún no se han manifestado, y por ende, sus mayores logros también están por suceder. Que nada le detenga: si cree que puede, seguramente podrá.

Quizás usted se esté preguntando: ¿Cómo puedo hacer realidad mis sueños? ¿Cómo puedo experimentar personalmente esa idea de que si crees que puedes, podrás? Permítame darle algunas sugerencias.

I. ESTABLEZCA METAS CLARAS

Establecer metas claras implica tener una visión clara de lo que se quiere. Es saber dónde estamos, de dónde venimos, pero también hacia dónde nos estamos dirigiendo. ¿De qué nos serviría un mapa si no tenemos definido un lugar de destino? Nadie aborda un avión sin antes saber hacia dónde se está dirigiendo, ¿cierto? Si quiere tener éxito en sus metas personales, empresariales o académicas es necesario establecer metas claras y medibles.

¿CÓMO ESTABLECER METAS CLARAS? Toda meta clara debe ser concreta y cuantificable. Querer ser mejor o querer dar más de mí, o simplemente mejorar mi calidad de vida, o quizás querer conocer nuevas personas, no podrían considerarse como metas concretas o cuantificables, porque si bien es cierto son metas, la realidad es que son abstractas y no son medibles. Caminar treinta minutos diarios y luego aumentarlo a una hora sí es una meta medible. Leer 10 libros por año también es una meta medible.

1- ESTABLEZCA UN PLAZO. Una meta clara o medible es aquella que tiene un plazo fijo. Esto implica que usted debe de poner una fecha tanto para su inicio como también para su finalización. Establecer o añadir un plazo específico en la ejecución de sus metas le permitirá tener un mayor enfoque de lo que está haciendo y al mismo tiempo mantenerse dentro del plan. Al momento de establecer o fijar plazos para la realización de sus metas, usted debe de saber que hay metas a corto, mediano y largo plazo.

Las metas a corto plazo son las que le permiten ver ciertos resultados de forma casi inmediata, éstos seguramente le motivarán a continuar en esa lucha del día a día. Las metas a corto plazo son como el combustible en el automóvil, que le permite mantenerse en marcha. Si su objetivo fuese correr una maratón de 25 o más millas para el próximo año, lo indicado sería que empiece corriendo lo que su resistencia le permita correr; pero una vez usted identificó cuál es su resistencia, propóngase a superar dicho límite y cada vez que vaya a correr asegúrese de incrementar su resistencia, aunque sea unos 25 a 30 pies más de distancia. Si cada vez que usted lo práctica se propone superar los resultados previos, el mismo hecho de saber que ha podido superar los resultados anteriores le motivará a continuar con mayor entusiasmo. Y para cuando la fecha indicada llegue, seguramente usted estará no solamente listo, sino en un muy buen nivel competitivo.

Las metas a corto plazo también son como el efecto del levantamiento de pesas. Cuando usted visita un gimnasio, puede apreciar que hay personas que van estos lugares porque tienen problemas con su salud y que con mucho sacrificio hacen sus ejercicios; pero al mismo tiempo, también puede observar que allí hay personas que han desarrollado cuerpos musculosos y muy fuertes, que tienen una resistencia impresionante y son capaces de levantar un equivalente de hasta el triple o más de su propio peso. Ahora bien, esa resistencia o esos cuerpos musculosos y fuertes no aparecieron de un día a otro: es el resultado de una vida disciplinada y constante en el ejercicio diario, el cual le permite al cuerpo irse desarrollando lentamente y fortaleciéndose a su vez. Las metas a corto plazo son esenciales y necesarias, porque estas no solamente le permiten medir su progreso y rendimiento, también son la evidencia o la certeza que lo que un día soñó ser y ahora está más cerca de ser toda una realidad. Toda meta realizable debe de tener fecha de realización, porque de lo contrario usted nunca sabrá cuánto ha progresado en su esfuerzo de su realización. Una meta a corto plazo también le permite ver resultados, aunque paulatinos, pero son resultados, y al mismo tiempo le permite mantener viva esa motivación que se requiere para enfrentarse a esas luchas del día a día. Una meta a corto plazo marca pautas y también le da dirección y sentido a lo que hace.

2- ELABORE UN PLAN DE TRABAJO. ¿Por qué es necesario elaborar un plan de vida o plan de trabajo? Porque si usted no tiene un plan propio, seguramente alguien más le hará parte de su plan. Si usted no define hacia dónde se dirige en la vida, usted corre el peligro de terminar siguiendo a los demás y terminar como uno más del montón.

SE DICE QUE EL NO TENER UN PLAN DE TRABAJO ELABORADO ES LA CAUSA PRINCIPAL POR LA QUE LA MAYORÍA DE PERSONAS NUNCA LOGRARON REALIZAR LO QUE UN DÍA SOÑARON SER.

Algunas estadísticas sugieren que solo el 5 % de las personas logran su independencia financiera, mientras que el 95 % sólo se queda con la ilusión de lograrlo. ¿Quiere tener éxito en lo que hace y la certeza de un mejor futuro? Elabore un plan de trabajo.

Un plan de trabajo no es más que ese instrumento que le permitirá medir y llevar a cabo los fines trazados, mediante las metas y objetivos por realizar en un tiempo determinado.

Un buen plan de trabajo consiste en:
• Definir objetivos específicos.
• Establecer un orden de prioridades para poder alcanzar cada uno de los objetivos trazados.

• Establecer ciertos indicadores que le permitan medir el progreso de sus metas.
• Determinar cuál será el costo del proyecto o de las actividades por realizar.
• Todo plan de trabajo debe de ser lo suficientemente flexible, porque si el plan no funciona usted lo puede cambiar, pero nunca cambiar las metas.
• Busque asesoramiento profesional, o de aquellas personas que ya están donde usted pretende llegar.

Todo plan de trabajo debe de ser lo más objetivo posible. Esto implica que usted debe de tener un propósito claro y conciso de cada una de las cosas por realizar. Todo plan de trabajo, además de que requiere tener un objetivo, también debe responder las siguientes preguntas: ¿Por qué y para qué hago lo que hago?

II. CAMBIE LOS HÁBITOS NEGATIVOS POR HÁBITOS CONSTRUCTIVOS

Se dice que un hábito son todas aquellas cosas que hacemos en repetidas veces, y que con el paso del tiempo las terminamos haciendo automáticamente, casi sin pensarlas. ¿Cómo es eso que los hábitos funcionan de una forma casi automática? Es que la repetición de las cosas que hacemos de una forma repetitiva, genera una reacción cerebral que activa una serie de redes neuronales que desencadenan una acción, y de esta forma, en nuestro cerebro consciente se da un patrón donde este ya no tiene que volver a procesar toda la información para tomar decisiones.

Los hábitos en nuestro cerebro son una especie de programación activa, la cual nos permite pasar de la intención a la acción, o sea a los hechos, de una forma casi inconsciente.

LA INTENCIÓN POR QUERER CAMBIAR ES BUENA, PERO ESTA NUNCA LE LLEVARÁ A RESOLVER SUS NECESIDADES. LA SOLUCIÓN A SUS NECESIDADES SERÁ EL RESULTADO DE SU ACCIONAR DIARIO.

Muchas personas se pasan la vida quejándose porque no están satisfechas con los resultados que están cosechando. En su deseo de cambiar, se preguntan qué pueden hacer para cambiar dichos resultados. Independientemente qué tan grande sea el deseo de poder cambiar los resultados que puedan estar obteniendo, hay un principio importante que puede estar siendo ignorado, y es que el verdadero cambio siempre inicia en nuestro interior, y luego se manifiesta exteriormente. Si usted es una persona que desea cambiar los hábitos negativos por hábitos positivos, considere que el secreto para un cambio personal o un cambio de hábitos no está en moverse de lugar, sino cambiar internamente, y luego este cambio se manifestará exteriormente. Conseguir un cambio interno es cuestión de decisión, porque nadie es capaz de cambiar a nadie, excepto cambiarse a uno mismo; y esto no sucede, a menos que por voluntad propia. John Maxwell dice: "No es lo que pasa contigo, sino lo que pasa en ti". Si usted desea cambiar esos hábitos negativos o rutinarios por una actitud positiva o por hábitos productivos, usted tiene que considerar lo siguiente:

1- RECONOCER QUE NECESITA CAMBIAR. Alguien dijo por ahí que: "No se trata de saber que necesito cambiar solamente, sino de tener el valor para hacerlo". Con el correr de los años y ese caminar del día a día, nos damos cuenta cuán importante y necesario es hacer cambios personales, sobre todo cuando vivimos una vida demasiado rutinaria. Hay cambios o decisiones en las que se requiere de mucho valor tomarlas. Muchas personas lamentablemente se han quedado estancadas y paralizadas en la idea de querer hacer ciertos cambios en sus vidas, porque antes de hacerlos pensaron en lo difícil e incómodo que esto puede terminar siendo, sobre todo cuando estamos habituados a una vida rutinaria.

LOS CAMBIOS NO SIEMPRE SON PLACENTEROS, PERO SON IMPORTANTES, Y EN ALGUNOS DE LOS CASOS INDISPENSABLES, CUANDO DE SUPERACIÓN Y DESARROLLO PERSONAL SE TRATA.

Vivimos en un mundo de constantes cambios; por lo tanto, estemos de acuerdo o no, temprano o tarde nos veremos en la necesidad de tener que hacer ciertos cambios, con la diferencia que los cambios que por obligación tengamos que hacer no siempre nos beneficiarán directamente. Ejemplo de ello es cuando en su trabajo cambian el sistema de operaciones: usted está en la obligación de aprender el nuevo sistema, que seguramente le dará un mejor control y manejo a la parte operativa de la empresa para la cual usted labora y posiblemente mayor producción; sin embargo, es muy posible que su salario no cambie, o sea, que usted tuvo que hacer ciertos cambios pero sin mayores beneficios.

Hay un cambio muy importante y necesario que todos lo necesitamos, y es el cambio a una mejor actitud. Reconocer que tenemos ciertas necesidades o problemas por resolver no lo es todo: se requiere ser humilde y reconocer que se necesita cambiar o buscar ayuda para hacer dicho cambio. La intención por querer cambiar es buena, pero esta nunca le llevará a resolver sus necesidades. La solución a sus necesidades se encuentra en el resultado de su accionar diario. Las acciones, por pequeñas que estas sean, poco a poco le irán acercando a ese final trazado.

> EL PRIMER PASO PARA TODO CAMBIO COMIENZA CON UN CAMBIO DE MENTALIDAD.

Tener una mentalidad optimista y una actitud positiva es indispensable cuando de hacer cambios se trata, y estas seguramente le ayudarán a adquirir el valor que se necesita para llevarlos a cabo y poder así seguir luchando por lo que se desea en la vida. Cada experiencia vivida es importante para dar ese paso al cambio que está buscando. Los cambios se parecen mucho a los obstáculos, porque estos solo nos dan dos opciones: dar marcha atrás o superarlos. Si los superamos, mañana seguramente seremos más fuertes y capaces de lo que ahora somos.

Atrévase a soñar y cambie lo que tenga que ser cambiado. Su mañana será mejor y más placentero, en la medida que cambie lo que tiene que ser cambiado y persevere en lo que cree. Deje de lado las excusas, porque al final del día, si nada cambia, nada cambiará. Hay miles de nuevas oportunidades que están esperando por usted, solo hace falta que se decida a ir por ellas. No cambiar aquellas cosas que nos limitan a ser todo lo que somos capaces de llegar a ser es limitarse a uno mismo, es sacrificar el futuro desde nuestro presente.

No permita que el miedo determine su futuro. El miedo a cambiar tiene a muchas personas trabajando en el mismo trabajo, en la misma posición y con casi el mismo salario por 20 años o más. El miedo a emprender algo nuevo tiene a muchos trabajando arduamente, pero sin disfrutar lo que hacen. Atrévase a hacer ese cambio que le está impidiendo ser más de lo que puede llegar a ser.

2- *CREER QUE PUEDE CAMBIAR.* Una de las historias más motivadoras, sobre la importancia de creer que se puede cambiar, es la historia de John Paul DeJoria, mejor conocido como Paul Mitchell. Esta es la historia de un chico que, después de haber sido regalado por su madre y que en su adolescencia terminó en las calles de Los Ángeles involucrado en el mundo de las pandillas, pasado el tiempo y en su deseo de superación emprende su propio negocio, pero dada la falta de recursos económicos terminó viviendo en su carro por un tiempo, por no tener cómo pagar su departamento. Finalmente, su historia termina en las listas de la famosa revista de Forbes, como una de las personas más adineradas de este país.

Aun cuando en la vida no siempre se empiece bien, o si el viento no soplase a su favor, le motivo a que siga soñando y creyendo que su mañana seguramente será mejor que su presente. Porque no importando dónde y cómo haya empezado en la vida, lo que realmente cuenta es dónde y cómo se termine.

Alguien dijo: "Hay gente que nace con estrella y gente

que nace estrellada y que por ahí existe un pequeño grupo de privilegiados capaces de cambiar su destino".

En uno de los volúmenes de la muy famosas revista Forbes quedó demostrado que el sueño americano es más que una idea, que en realidad tiene nombres y apellidos, y uno de ellos es John Paul DeJoria, quien después de haber vivido en su auto por algún tiempo, por no tener dinero para pagar un departamento, ahora pasa a ser uno de los 1,000 hombres más ricos del mundo.

Hoy en día, la fortuna de John se estima en un poco más de $2,500 millones de dólares. DeJoria ha entrado por primera vez en *The World's Billionaires*. La historia de DeJoria ya es considerada para ser un guion de Hollywood.

La historia de John empieza con una infancia marcada por la escasez y la soledad. Sus padres se divorciaron cuando este apenas tenía dos años de edad. A la edad de 9 años tuvo que ponerse a trabajar vendiendo periódicos y tarjetas navideñas junto a su hermano mayor, para ayudar a su madre. Su familia tuvo que pasar por muchas penurias, al punto que lo que ganaban apenas les alcanzaba para comer. Esta situación se convierte en una carga insostenible para su madre, al punto que tomó la dura decisión de abandonarlos en una casa albergue, con la esperanza de que el estado pudiera hacerse cargo de sus necesidades y no tuvieran que sufrir tanto.

Pronto DeJoria comenzó a adaptarse a este nuevo estilo de vida y conformarse a su nueva realidad. Como tantos adolescentes, se volvió un chico rebelde dado a la ausencia de una figura paternal y como fruto de una familia disfuncional: esto le llevó a que se involucrara en el mundo de las pandillas, en la ciudad de Los Ángeles. Un buen día, la percepción de la vida para John cambió en un antes y un después. Un inesperado día John escuchó las palabras duras y muy confortativas pero a su vez sinceras de uno de sus maestros en la escuela, el cual estaba cansado de su actitud de prepotente y arrogante. Este le dijo:

"Nunca llegarás a ser nadie en la vida". Esas palabras no sólo impactaron la vida de John, sino que también le despertaron a una realidad que el rehusaba aceptar, y se dio cuenta que ese mundo no era lo que él quería para su futuro.

Una vez se graduó de la preparatoria ingresó a la marina estadounidense. Dos años más tarde, después de haber cumplido su servicio militar, empezó a trabajar como vendedor a domicilio de varias mercancías, entre ellas pólizas de seguros, enciclopedias y equipos médicos. La experiencia de vendedor a domicilio no fue la mejor; sin embargo, fue ahí donde aprendió uno de los principios que años más tarde le ayudaría a llegar a ser lo que ahora es. El principio que esta experiencia le dejó es que: "Hay que estar preparado para ser rechazado". Su filosofía y actitud en relación con el rechazo cambió, y se volvió una persona con una actitud entusiasta en el mundo de las ventas, llegando a la siguiente conclusión: "Hay que tener el mismo entusiasmo ante la puerta número uno, que ante la puerta número cien".

La vida de John no siempre fue fácil. Cuando por fin consiguió tener un trabajo estable en la industria de productos para el cabello pensó que su realidad cambiaría, pero lamentablemente esta oportunidad no duró mucho tiempo. En su deseo de superación, consiguió un préstamo de $700 y se asoció con su amigo Paul Mitchell, formando así lo que ahora conocemos como John Paul Mitchell Systems. A pesar de su determinación y deseos de superación, las cosas no marcharon como él deseaba. Solamente en el primer año estuvieron a punto de irse a la quiebra en 50 ocasiones, situación que le llevó a vivir en su auto por algún tiempo. Sin embargo, su perseverancia y determinación lo llevó a ser lo que ahora es.

Si por su bien y por un mejor futuro, alguien al igual que a John lo tenga que tratar con palabras duras pero sinceras, pues bienvenido sea. No sé cuál sea su realidad, pero yo le motivo a que crea que sí es posible cambiar. Al igual que la vida de John y la de muchos más, su historia también puede ser diferente. Por complicada que sea su realidad, nunca se dé por vencido, crea que puede cambiar.

3- ESTAR DISPUESTO A CAMBIAR. Por lo regular, todos deseamos que la vida cambie y que los demás cambien. Pero nada va a cambiar, a menos que también usted esté dispuesto a cambiar en su interior y posteriormente hacer todos los cambios exteriores que sean necesarios. Esto implica cambiar ciertos hábitos, pasatiempos, algunas relaciones, trabajo, etc.

Tanto la felicidad como el éxito personal dependerán de cada una de aquellas cosas que usted esté dispuesto a hacer, en pro de su realización. Los cambios no son mecánicos y estos muchas veces requieren un cambio de estrategia. Estos cambios pueden ser aplicados al plan de trabajo o a sus actitudes personales, pero nunca a las metas, porque una meta es el fin de lo que buscamos y no el medio: usted puede cambiar el medio, si fuese necesario, pero no el fin, a donde pretende llegar.

Para nadie son desconocidos los problemas que aquejan a la sociedad en la cual vivimos. Problemas económicos, enfermedades incurables que amenazan nuestra salud, la desintegración familiar que ha alcanzado cifras récord —para tener una idea de esta problemática, no olvide que el porcentaje de divorcios está por encima de un 50 %—. La inseguridad y violencia social parecen estar fuera de control, como nunca antes visto. Esto y más es parte de las cosas que aquejan a nuestra sociedad.

Aun cuando la realidad sea difícil y dolorosa, aún cuando las estadísticas no mienten y los pronósticos son desalentadores, lo cierto es que aún hay esperanza. La esperanza para nuestra sociedad está en usted mismo: sí, en usted. En la medida que usted reconozca sus errores, y a su vez que usted también es poseedor de virtudes únicas e inimaginables, seguramente esto creará conciencia sobre la necesidad de cambiar lo que necesita ser cambiado. Todos y absolutamente todos podemos cambiar algo de nosotros, que nos permita ser mejores seres humanos de lo que ya somos, y así contribuir con ese cambio social que cada vez se hace más urgente.

Reconocer que se necesita cambiar no es suficiente: se requiere algo más que admitir o reconocer una verdad o sus causas. Muchas personas no solo reconocen la necesidad de un cambio en sus vidas. Es más: ellos quieren cambiar. De hecho, estos individuos se han documentado sobre el tema, escuchan audios relacionados con el tema, leen y hablan de ello, pero lamentablemente es todo lo que hacen. El informarse o el leer y hablar del tema no cambiará la realidad de nadie: se requiere algo más que eso, se necesita cambiar. Los cambios usualmente no son agradables, pero son necesarios y en muchos de los casos son imperativos. No importa cuánto conocimiento usted tenga sobre las causas de su problema: si no está dispuesto a cambiar, nada sucederá.

4- TENER CLARO LO QUE QUIERE. Se dice que aproximadamente el 70 % de las personas que solicitan un nuevo empleo no saben contestar con exactitud, cuando se les pregunta: "¿Qué está buscando usted con este empleo?". La mayoría de personas que solicitan un nuevo empleo redactan su currículum, escriben cartas de presentación, se compran ropa nueva, se preparan para su cita de entrevista; sin embargo, después de tanto tiempo y esfuerzo, muchos ni siquiera saben expresar lo que buscan en un empleo. Esto demuestra que hay muchas personas que lamentablemente no saben lo que quieren.

De hecho, hay muchas personas que lamentablemente se pasan la vida sin preguntarse a sí mismas qué es lo que quieren en la vida. Las estadísticas dicen que quienes saben lo que quieren, al punto de tener un plan escrito de lo que quieren y en el tiempo que lo quieren, más del 90 % de ellos termina realizando lo que se propone.

5- *PERSEVERE EN LO QUE CREE*. Se dice que la única diferencia que existe entre aquellas personas que realizaron sus sueños y quienes no, es la perseverancia.

Si usted es una persona que sueña con ser todo lo que pueda ser en la vida, es necesario saber que hay un ingrediente indispensable para lograrlo: esto consiste en tener una actitud positiva y ser perseverante en lo que usted cree.

Una actitud positiva o una actitud negativa se ve reflejada en las palabras o acciones de cada persona. Es como si fuese un termómetro, que nos permite medir y saber cómo están nuestros pensamientos, en qué estamos pensando, cuán perseverantes somos en aquello que decimos creer.

La evidencia de una persona negativa o que no es perseverante en lo que cree se evidencia a través de una actitud negativa. Por todo se queja, todo le molesta, todo le irrita, se pasa la vida buscando culpables, porque todos son culpables, menos ella. Mientras que una persona positiva y que persevera en lo que cree es alguien que, a pesar de cualquier altibajo de la vida, se mantiene optimista, alegre y segura de sí misma. Persevere en lo que cree, aun cuando los resultados brillen por su ausencia.

UNA PERSONA QUE PERSEVERA EN LO QUE CREE ES ALGUIEN QUE SABE QUE SUS MEJORES MOMENTOS AÚN NO SE HAN MANIFESTADO, Y POR ENDE, SUS MEJORES DÍAS TAMBIÉN ESTÁN POR VENIR.

Vale la pena ser optimista y perseverante en aquello que se cree. Si usted es un soñador y cree en sus sueños, y es persistente en ello, no importa si tiene que caer una y otra vez, porque seguramente también se levantará y continuará su camino, hasta lograr todo lo que se ha propuesto ser. *Si crees que puedes, podrás.*

III. ADMINISTRE BIEN EL TIEMPO

Se dice que el tiempo es un activo de incalculable valor y sin embargo es gratis para todos. Nadie puede adueñarse de este, porque todos tenemos acceso y podemos hacer uso de él. Aun cuando el tiempo no detiene su marcha, usted puede aprovecharlo al máximo y sacarle su mayor beneficio; de lo contrario, puede estar seguro que una vez este se pierde es imposible recuperarlo. Cuántas personas se pasan la vida lamentándose y quejándose, porque no tienen lo que quieren, que no tienen dinero, trabajo, carro, ropa, etc. Pueda ser que no tenga todo lo que usted quisiera tener; sin embargo, usted ya tiene un activo de incalculable valor que se llama tiempo, y debe de aprovecharlo al máximo y sacarle el mayor beneficio que le sea posible.

Aproveche su tiempo al máximo. No olvide que el capital más importante que tenemos en la vida es precisamente el tiempo, y sería una lástima no sacarle su mayor beneficio. Aproveche cada momento, cada instante. Al hoy se le llama presente, porque eso es precisamente lo que es: un regalo. Se dice que el tiempo es como una moneda que en la vida recibimos, pero sin tener la posibilidad de obtener otra y solo usted puede determinar la forma en que la gastará. Si esta analogía del tiempo fuese real, usted debe de tener mucho cuidado y no permitir que nadie la vaya a gastar por usted. No permita que nadie gaste su tiempo. Su tiempo representa su desarrollo y superación, salud, dinero y mucho más. Aproveche el tiempo al máximo, sacándole su mayor rendimiento.

¿CÓMO APROVECHAR EL TIEMPO AL MÁXIMO?

1- INVIERTA TIEMPO EN USTED MISMO. Si usted está comprometido con su crecimiento personal, le será necesario mantenerse aprendiendo algo nuevo cada día. Fortalezca el hábito de la lectura, lea buenos libros, asista a conferencias que le ayuden a desarrollar todo su potencial, consulte a aquellos que están donde usted quiere llegar y refuerce sus áreas de fortaleza. Convierta su tiempo en oportunidades y su conocimiento en dinero.

2- INVIERTA TIEMPO EN QUIENES ESTÁN A SU LADO. Para nadie es sorpresa el escuchar a alguien decir "no tengo tiempo". Muchas personas, inconscientemente, viven una vida tan ocupada y rutinaria que todo lo que hacen gira en torno a ellos mismos. Están tan acostumbrados a un estilo de vida, que siempre tienen una y mil excusas para todo, sobre todo cuando se trata de compartir con quienes están a su lado. Nunca tienen tiempo para los demás, ya que solo piensan en lo que ellos tienen que hacer, en lo que les conviene, pero nunca en los demás. Para poder invertir tiempo en quienes están a nuestro alrededor es necesario comprender que, más que dedicarles un poco de tiempo y escucharles, usted les está ayudando en su crecimiento y desarrollo personal.

Ayude a quienes están a su lado, dedíqueles un poco de su tiempo escuchándoles, mientras le platican de sus sueños o sus preocupaciones. Compártales una sonrisa, que seguramente esa actitud generará confianza en ellos. Una de las mejores formas de ayudar a las personas que están a nuestro alrededor es precisamente relacionándonos con ellos, entender sus necesidades y lo que les preocupa, escuchándolos cada vez que lo necesiten y dejándoles saber que cada una de sus metas personales son importantes, y que en la medida en que ellos crean en sus sueños otros también creerán en ellos, y una de esas personas es usted.

> LA GRANDEZA DEL HOMBRE NO RADICA EN LOS MUCHOS BIENES QUE ESTE PUEDA TENER, SINO EN LO QUE ESTE PUEDA DAR.

3- HAGA UNA LISTA DE SUS ACTIVIDADES DIARIAS. Organice su tiempo y cada una de sus actividades. John Maxwell, en uno de sus libros, dice: "Quien no organiza, agoniza". Cuando usted no organiza ni planifica cada una de sus actividades por realizar, con facilidad usted puede terminar haciendo cualquier otra cosa que se le ocurrió, o lo que alguien más le esté sugiriendo hacer, pero menos lo que usted realmente debería de hacer.

Establezca una lista de cada una de las actividades por realizar, y esto seguramente le permitirá tener un mejor control de su tiempo y por ende un mayor rendimiento. Cuando usted **no** organiza y **no** planifica cada una de sus actividades, seguramente *tampoco* podrá evaluar **o** medir su progreso; de tal manera, que cualquier resultado puede terminar siendo satisfactorio, incluso el no tener resultados.

4- CONCÉNTRESE EN SUS PRIORIDADES. Si usted es una persona que sueña con cosas grandes en la vida, también debe de saber que más que una buena planificación, también se hace necesario establecer ciertas prioridades. Aun cuando todas sus actividades son importantes, usted debe de concentrarse en aquellas que requieren mayor prioridad. Se dice que el asignarle prioridades a nuestras actividades diarias y concentrarse en una sola a la vez ha sido la clave que muchas personas han implementado, y es lo que les llevó a generar altos ingresos, lo que a su vez también fue el factor de la creación de grandes riquezas.

Este es un principio que usted debe y puede comenzar a practicar ya en su propia vida. Determine cuál de sus actividades es prioritaria y trabaje en ella hasta completarla. Así medirá su poder de voluntad, carácter personal y autodisciplina. No es una tarea fácil de realizar, pero es la más importante si desea tener éxito en lo que hace.

¿Cómo poder concentrarme y darle prioridad a mis actividades diarias? Siga esta fórmula: antes de empezar un proyecto o trabajo, haga una lista de todas las cosas que tiene por hacer. Asígnele una prioridad a cada una de las actividades de esta lista haciéndose las siguientes preguntas:

1. ¿Cuáles son las actividades más valiosas para mi crecimiento y desarrollo personal?
2. ¿Qué estoy haciendo que no contribuye a mi crecimiento y desarrollo personal?
3. ¿Qué debo de hacer que me haga diferente a los demás?
4. ¿Cómo puedo producir más de lo que estoy produciendo?

5- TOME TIEMPO PARA VACACIONAR Y DESCANSAR.
Evite el estrés. Puede que a usted le guste trabajar bajo presión, pero el estrés es un enemigo peligroso, traicionero y capaz de robarle la paz, su tranquilidad y finalmente hasta destruir la salud. Usted puede trabajar con toda su intensidad si así lo desea, pero no comprometa su salud y la estabilidad de su familia.

Al tomar tiempo para vacaciones o para recrearse y descansar un poco, usted no solamente podrá disfrutar de cada uno de esos paisajes y panoramas del lugar que elija visitar, sino que también podrá disfrutar de todos los servicios que dicho lugar ofrece. Y como un beneficio adicional, quizás el más importante de todos, es que usted también podrá relajarse, recobrar nuevas fuerzas y seguramente esto le permitirá reenfocarse en sus actividades diarias de una forma más relajada y efectiva.

6- EVITE TODA RELACIÓN IMPRODUCTIVA.
Se dice que en la vida hay cuando menos cuatro tipos de personas: las que suman, las que multiplican, las que restan y las que dividen. Las que suman le agregan valor a nuestras vidas y a lo que hacemos. Las que multiplican nos ayudan a desarrollarnos y a producir mucho más de lo que por sí mismos seríamos capaces de producir. Las que restan son aquellas que no solamente le restan valor a lo que somos o hacemos, sino que también nos exponen paulatinamente a bajar nuestros estándares, y por ende, a producir menos cada día, porque su esencia está basada en el conformismo. Las que dividen son especialistas en alejarle de cualquier aspiración de desarrollo y superación, son especialistas en destruir cualquier proyecto, reduciéndolo a fracciones.

Si usted está comprometido consigo mismo y quiere saber cómo aprovechar bien el tiempo, debe de saber con quién se está asociando. Evite a quienes le restan valor y eficacia, evite a los especialistas en destruir sueños, trabaje en conocer y en relacionarse con todos aquellos que le puedan agregar valor e importancia a lo que usted hace, y quienes seguramente le ayudarán a multiplicar sus capacidades, y por ende, a desarrollarse y ser todo lo que sueña ser.

7- APRENDA A DECIR NO. Cada vez que usted agrega más compromisos a su saturada agenda, usted está poniendo en riesgo su efectividad. Mi abuelita paterna solía decir: "El que mucho abarca, poco aprieta", refiriéndose a que no es tanto lo que nos proyectamos a hacer, sino qué tan objetivos son los resultados que estamos obteniendo.

NO PIERDA EL CONTROL DE SU TIEMPO, NO SE SATURE DE ACTIVIDADES IMPRODUCTIVAS. NO ES TANTO LO QUE USTED HACE, SINO QUÉ TAN EFECTIVO ES EN LO QUE HACE.

Mantenga sus límites personales: mantener los límites personales no siempre será fácil, pero siempre será necesario. Aprenda a decir no. No se sobrecargue de actividades, disfrute lo que hace. El cansancio físico es agotador, pero el cansancio mental puede ser destructivo. Aprenda a decir no, cuando tenga que decir NO.

IV. RENUEVE SU MANERA DE PENSAR CADA DÍA

Si queremos cambiar nuestra calidad de vida, es necesario cambiar nuestros resultados; y para ello, es necesario cambiar nuestra forma de pensar. Se ha preguntado: ¿Qué tan bien o que tan mal pienso? ¿Sabía que hay personas que suelen pensar muy bien, pero lamentablemente deciden mal? El proverbista Salomón dice que: "Porque cuál es su pensamiento en su corazón, tal es él". Por mucho tiempo hemos escuchado decir, e incluso hemos sido enseñados, a que tenemos que ser responsables de cada uno de nuestros actos: ser padres responsables, hijos responsables, etc.

En lo personal, creo que nuestra responsabilidad debería ir más allá de nuestros compromisos cotidianos, tales como los familiares, económicos, académicos o laborales, etc. Toda aquella persona que desea mejorar su forma de pensar debe de ser responsable hasta de sus propios pensamientos. Cada uno de nuestros pensamientos contribuye con nuestra formación intelectual.

La mente se divide en dos partes: memoria e imaginación. La memoria se limita a recordarnos las experiencias del pasado, mientras que la imaginación nos permite visualizar un futuro, aun cuando este no ha llegado. Alguien dijo que: "No podemos darnos el lujo de decir no puedo, porque nuestro inconsciente no conoce el sentido de humor, porque cada vez que emprendamos un proyecto, nos lo estará recordando que no podemos".

Nuestra forma de pensar es determinante en cómo viviremos nuestro mañana; esto implica que cada día deberíamos de renovar nuestra mente o forma de pensar, o sea, vivir la vida en una constante actualización. El actualizarse y cuidar su forma de pensar, seguramente le permitirá tener un mejor desempeño y por ende mayores resultados en lo que hace. Hay personas que se entretienen hablando de los problemas y de cuanta cosa les sucede. Por todo se quejan, viven la vida victimizándose a sí mismos. Renueve su manera de pensar cada día y es casi seguro que usted se convertirá en una persona única y excepcional. Donde otros ven un problema seguramente usted verá una oportunidad. Donde otros ven fracasos seguramente usted verá la forma de poder crecer. El renovar su forma de pensar no solamente le permitirá ver las posibilidades en medio de las adversidades, sino que también le permitirá mantener esa motivación constante en todo lo que emprenda.

Vivimos en un mundo de constantes cambios, donde la vida cada día se vuelve más competitiva. Pensar en un mejor desempeño y mejores resultados, sin tener que mejorar mi manera de pensar, es como pensar que puedo sentarme a esperar la cosecha sin haber sembrado.

Un mejor desempeño implica renovar nuestra manera de pensar cada día. Tanto el desarrollo de nuestro potencial o tener que vivir bajo nuestras propias limitaciones dependerá de cuán dispuestos estemos a mejorar nuestra forma de pensar. Un mejor desempeño no solamente le permitirá poder tener una mejor calidad de vida, sino que también podrá tener la satisfacción de ver los resultados de su esfuerzo y dedicación.

V. AUTODISCIPLÍNESE

Se dice que la autodisciplina es "la fuerza de voluntad, autocontrol, resolución, determinación, carácter, conducción, valor, diligencia y resistencia". Ninguno de estos rasgos o características se produce por accidente, ni aparecen en la vida de nadie por arte de magia.

La autodisciplina y el carácter son valores que pueden ser desarrollados y cultivados por todas aquellas personas que luchan por ser mejores cada día. Todos somos poseedores de estos valores, pero solamente quienes son capaces de desarrollarlos seguramente adquirirán la perseverancia y capacidad de forjar un mejor futuro.

Se dice que una persona disciplinada tiene más posibilidades de llegar lejos en la realización de sus metas, que una persona talentosa e indisciplinada. La disciplina es el arte de aprender a cómo controlar los impulsos. Si usted desea hacer realidad sus metas, trabaje arduamente en ello, no abandone sus sueños, autodisciplínese y persevere en lo que cree, hasta ver realizadas cada una de sus metas.

VI. ESTABLECER RELACIONES CORRECTAS

En este mundo hay personas que no sólo suman valor e influencia a nuestras vidas y a lo que hacemos, sino que también nos ayudan a multiplicar nuestras capacidades y a desarrollarnos para ser a más efectivos en todo lo que emprendamos.

Estas personas nos ayudan a crecer, a desarrollar nuestras habilidades y talentos al máximo. Este es el tipo de relaciones interpersonales que todos deberíamos querer desarrollar.

COMO ESTABLECER RELACIONES CORRECTAS
1- HACIENDO AMIGOS VERDADEROS. La soledad ha sido nombrada por algunos psicólogos ya como el problema más común de nuestros tiempos. Este mundo está lleno de gente solitaria. Una persona puede estar rodeada de gente y aun así sentirse sola, porque no tiene amigos verdaderos. ¿Por qué tenemos esa profunda necesidad de tener amigos? La respuesta es que fuimos diseñados con esa necesidad interna de relacionarnos y hacer amistad con otras personas. La única forma de poder hacer amigos verdaderos es relacionándonos con los demás, conociendo nuevas personas y dándonos a conocer.

2- EVITE RELACIONARSE CON PERSONAS QUE TIENEN PROBLEMAS CON SU CARÁCTER. Debemos evitar la amistad íntima con aquellas personas que tienen serios problemas de carácter o personalidad.

La Biblia es un manual de vida que no solo nos presenta el plan de salvación y cómo tener una relación personal con Dios, sino que también nos marca las pautas de cómo vivir una vida social exitosa, estableciendo relaciones interpersonales saludables, sólidas y genuinas. También nos advierte de aquellas relaciones interpersonales que debemos evitar. Nos enseña sobre la importancia de no asociarnos con burladores y necios, y con aquellos que tienen problemas de personalidad o carácter tales como:

• *Los chismosos*. Esta es la clase de persona que siempre tiene noticias de los demás y que sin constatar su veracidad las da a conocer casi de inmediato. "El que anda en chismes descubre el secreto; No te entremetas, pues, con el suelto de lengua"
Proverbios 20:19.

• *Los criticones*. Cuídese de hacer amistad con aquellos que tienen un espíritu de crítica y amargura, especialmente aquellos que son resentidos y rebeldes con los que están en autoridad. Estas personas padecen de muchos males y uno de ellos es que ellos lo saben todo. Si anda con ellos, corre el peligro que le contagien con ese espíritu de crítica.

• *Los amargados*. Una persona amargada o de mal genio, con frecuencia tiene problemas con otras personas por no saber controlar sus actitudes. Si usted se relaciona con esta clase de personas, tenga cuidado, porque temprano o tarde puede ser afectado ya que estas personas, por causa de su mala actitud con frecuencia suelen tener problemas con otras personas.

"24No te entremetas con el iracundo, Ni te acompañes con el hombre de enojos, 25No sea que aprendas sus maneras, Y tomes lazo para tu alma."
Proverbios 22:24-25.

• *Los pesimistas*. Una persona pesimista es alguien negativo, sin importar cuál sea el proyecto que vaya a emprender, ellos son expertos en identificar los problemas y si no existen los imaginan. El pesimista suele disfrazarse de ser precavido. No se puede claudicar entre dos formas de pensar y pretender que nos irá bien en la vida. El pesimista es profeta de sus propios desastres. Es propenso a la desesperanza, a las enfermedades y la depresión. La depresión es un mal mortífero porque no solo afecta el área emocional, sino que también afecta el desempeño en el área laboral y familiar.

3- EVITE EL YO EN CUANTO LE SEA POSIBLE.

Se dice que la palabra más usada es precisamente la palabra "Yo". La mayoría de personas suelen pensar en ellos mismos antes que en los demás. Si nos concentramos en tratar de impresionar a los demás, difícilmente podremos establecer relaciones genuinas y duraderas. Para construir buenas relaciones, hay que interesarse en los demás, antes que en uno mismo.

4- SEA AMABLE.

La mejor manera de causar una buena primera impresión, para con los demás, es precisamente siendo amable. Un pequeño detalle como expresar una sonrisa, un "se ve muy bien", "me alegro de verlo", etc. Cada gesto de amabilidad que comparta, tiene el poder de hacer sentir bien a cualquiera. El profesor James V. McConnell, psicólogo de la Universidad de Michigan, expresó: "La gente que sonríe tiende a trabajar, enseñar y vender con más eficacia, y a criar hijos más felices. En una sonrisa hay mucha más información que en un gesto áspero". Se dice que nadie necesita tanto una sonrisa, como aquel que no tiene una que dar. Sea amable.

5- APRENDA A LLAMAR A LAS PERSONAS POR SU NOMBRE.

Uno de los principios fundamentales, en las relaciones interpersonales, es aprender a memorizar el nombre de las personas con quienes tratamos ocasional o frecuentemente. El nombre identifica al individuo y lo hace sentir único e importante entre los demás. El saber formular preguntas es importante, pero toma más importancia cuando le agregamos el nombre de nuestro interlocutor.

6- APRENDA A ESCUCHAR.

Se dice que está comprobado que mil veces la gente no está tan interesada en escuchar hablar a los demás, pero sí en ser escuchada. Si usted quiere que la gente se ría de usted a sus espaldas, hable incesantemente de usted mismo, de sus logros e historias. Recuerde que la persona con quien habla, está mil veces más interesada en sí misma que en usted.

Cuando tenga la oportunidad de conocer a alguien, o el simple hecho de interactuar con alguien a quien no ve con tanta frecuencia, enfóquese más en él o ella que en usted mismo. Pregúntele sobre aquellas cosas que son de interés personal de él o ella, sobre sus pasatiempos y familia. Hágalos sentir bien. Si quiere convertirse en un gran conversador, aprenda a escuchar antes de hablar.

7- RESPETE LA OPINIÓN DE LOS DEMÁS. Nunca le diga a una persona en público que está equivocada. En la mayoría de las conversaciones, los comentarios equivocados de otros pueden ser manejados con mucho tacto, respeto y diplomacia. Tenga cuidado en no hacer ver o sentir que la otra persona está equivocada, con el afán de satisfacer su ego personal, haciendo ver ante los demás que su punto de vista o aportación es la correcta. Cuide de no decir a los demás que están equivocados. En caso que usted sea la persona equivocada, sea humilde y admítalo, siempre respetando la opinión de los demás.

8- SEA SINCERO Y GENEROSO. El principio más profundo en el carácter humano es el anhelo de ser apreciado. Las personas desean una apreciación sincera. Sea agradecido por el servicio, por el afecto, por el apoyo y el trabajo de quienes están a su alrededor. Reconozca los resultados positivos de los demás y agradézcales por ese esfuerzo invertido. Agradézcales a sus padres por todo su apoyo y esfuerzo invertido en usted, agradézcales y felicite a sus hijos por el esfuerzo en mantener ese nivel de calificaciones en el colegio. Agradézcale a su cónyuge por toda su comprensión y ese apoyo incondicional, que a pesar de que nos hemos equivocado tantas veces, nunca dejaron de creer en nosotros. Agradézcale a Dios sobre todas las cosas, por toda la sabiduría y el conocimiento que le ha permitido adquirir, ya que esto, sin duda alguna, le ha facilitado medios y recursos, haciendo así que los procesos de la vida hayan sido más prácticos.

Agradezca a todos aquellos que tuvieron la paciencia y se tomaron la libertad de corregirle con amor y respeto, cada vez que se equivocó. No hay nada más preciado que los comentarios y sugerencias de quienes, viendo que nos equivocamos, no dudaron en dejárnoslo saber, con el fin de ayudarnos a que fuésemos mejores personas en la vida.

VII. TOMANDO DECISIONES CORRECTAS

¿Alguna vez ha tenido que tomar una decisión de la cual se ha arrepentido? Son tantas las decisiones que a diario tenemos que tomar, pero tomar la decisión correcta es algo en lo que todos quisiéramos acertar. Creo que no hay ser humano que no se haya equivocado al momento de tomar una decisión, a todos nos ha sucedido, y eso es porque el tener que tomar decisiones no es nada fácil, y más si esta es importante. Al final del capítulo tres compartí que estaba contemplando la idea de comprar una propiedad afuera de la ciudad, para poder construir una casa de campo y que tuviese suficiente espacio. ¿Qué cree que pasó? Aun cuando esta era una meta a realizar en los próximos años, a Dios gracias este sueño también se hizo una realidad. Estando convencido de lo que quería comencé a buscar y ver diferentes opciones, y un buen día, por bendición de Dios, me encontré con una propiedad de varios acres de terreno, lo suficientemente grande, tal como lo había visualizado.

Sometí la oferta de compra sin siquiera ir a ver la propiedad. Una vez me aceptaron la oferta, fui a ver la propiedad. Mientras mi esposa y yo caminábamos dentro del lugar y nos aproximábamos al área de bosque, alguien nos llamó la atención. Nos detuvimos y nos identificamos con las personas que nos habían llamado. Mientras hablábamos con estas personas, una de ellas nos dice: "Yo creo que el dueño de esta propiedad también la va a vender, yo soy la persona quien se encarga del mantenimiento". ¿Qué cree que hice? De inmediato tomé la información del propietario, y una vez me comuniqué con él, descubro que esa propiedad ya tiene un inmueble de siete casas movibles (tráilers), de las cuales seis están rentadas y produciendo una suma mensual que supera en un 300 % del pago que de ambas propiedades estaré pagando mensualmente. *Si crees que puedes, podrás.* En mi próximo libro, que se titulará: *Cómo convertir mis deudas en ganancias*, hablaré más detalladamente de este proceso.

Cada una de nuestras acciones están definidas por las decisiones que a diario tenemos que tomar, sean estas conscientes o inconscientemente. Estas tienen el poder de afectar nuestras relaciones familiares, nuestra vida laboral y financiera, y nuestro destino por completo. Hay personas que nunca han tenido mayores logros en la vida, porque siempre tuvieron miedo a tomar decisiones, que en su momento representaban cierto riesgo. Lo cierto es que al elegir no decidir, ya estamos decidiendo. El saber tomar buenas decisiones es uno de los aprendizajes más importantes y más complicados de cualquier persona. Esto se debe a que cualquier situación, en la que haya tenido que elegir, puede tener consecuencias en el futuro, incluso cuando el tiempo haya transcurrido es posible que hayan repercusiones futuras a causa de dichas decisiones.

Hay quienes afirman que no existe ningún manual al que se puede acudir a buscar la respuesta correcta, cuando de tomar decisiones se trata. Conozco un excelentísimo manual, que no solo le puede ayudar a saber cómo tomar buenas decisiones, sino a cómo tener éxito en todas las áreas de su vida. El nombre de ese manual es: El libro de Proverbios, escrito por uno de los hombres más sabios que este planeta ha conocido, el rey Salomón.

Cada día tenemos que tomar decisiones, desde que nos levantamos hasta que nos acostamos. Algunas son intrascendentes, como decidir qué va a comer, qué ropa usar; y otras tan importantes, como decidir su futuro profesional, o aceptar una u otra oferta de trabajo.

El saber cómo tomar las decisiones correctas es muy importante, porque hay momentos en nuestra vida en los que tomar la decisión correcta puede marcar una diferencia, y en muchos de los casos para el resto de nuestra vida. El tomar las decisiones correctas no siempre le garantizará tener éxito o acertar en lo que se propone, porque tanto el tiempo y el momento son oportunos en la toma de decisiones. ¿Recuerda la historia de Shaquille O'Neal?. El tomar decisiones correctas fuera de tiempo puede ser igual que tomar una decisión equivocada, porque muy poco o de nada serviría.

¿POR QUÉ ES IMPORTANTE SABER TOMAR DECISIONES CORRECTAS?

El gran motivador Anthony Robbins dice: "Cada cosa que te sucede en la vida, comienza con una decisión".

Recuerdo que durante el año 2008, cuando comenzó la crisis financiera que sacudió al mundo, la cual también arrasó con millones de empleos y con ellos también la esperanza de una vida digna, por la cual miles de familias habían trabajado arduamente gran parte de sus vidas. Esta experiencia no solamente tomo por sorpresa a muchos, también dejó evidenciado que cuando se sueña con un futuro estable y prometedor, pero que a su vez se depende de lo que un sistema u otras personas puedan hacer por usted, puede terminar siendo desastroso.

He escuchado a personas compartir sus experiencias del efecto que esta crisis y cómo esta les afectó a ellos directamente. Muchas de estas personas perdieron los ahorros de muchos años de trabajo y ante la impotencia de no poder hacer nada tuvieron que ver cómo sus cuentas de retiro de un momento a otro perdieron más de la mitad de su valor. También he escuchado la experiencia de algunos jóvenes que han estudiado carreras universitarias y que tuvieron que adquirir cuantiosos préstamos, y que debido al efecto de esta crisis y que debido a la poca demanda laboral en el rubro para el cual se prepararon, ahora se encuentran trabajando en una rama diferente a su profesión.

La pregunta sin repuesta de estas personas y de muchas más es: ¿Cómo es posible que todo esto me haya sucedido? La mayoría de personas de la clase media se vio directamente afectada a raíz de dicha crisis financiera. Lo cierto es que mientras un grupo de personas se vio gravemente afectada por esta situación, otro grupo de personas (la minoría) aprovecharon esta situación de crisis para enriquecerse, a través de nuevos negocios o invirtiendo su capital en bienes no perecederos.

¿Cuál es la diferencia entre estos dos grupos de personas, que ante una misma situación corren en direcciones completamente distintas?

Aunque podríamos tratar de buscar una y mil explicaciones, toda esta situación se puede resumir en una sola palabra: decisiones.

Son las decisiones que ha tenido que tomar en el pasado las que ahora hablan por usted. Ellas han contribuido para que usted ahora sea quien es. Las decisiones que tome ahora determinarán en gran medida tal y cual será su futuro, y qué posibilidades tiene de poder realizar sus sueños.

El gran Anthony Robbins, en su libro *Awaken the Giant Within*, resume a la perfección la diferencia entre las personas que saben tomar buenas decisiones y las que no. Él ilustra a estos dos grupos de personas, con lo que él denomina el "síndrome del Niágara":

> Pienso que la vida es como un río y que mucha gente se lanza a él sin saber adónde quieren acabar. Así que al cabo de un tiempo, muchos quedan atrapados en la corriente de sus propios miedos, limitaciones y frustraciones. No deciden dónde quieren ir, ni cuál es la dirección correcta a seguir. Simplemente, se dejan arrastrar por la corriente. Se sienten fuera de control y como consecuencia, quedan en un estado inconsciente hasta que un día se despiertan al borde de las cataratas del Niágara.

Es en este punto cuando se dan cuenta de que ya no pueden retroceder, y caen. A veces la caída es emocional, a veces es laboral, a veces financiera. Podrían haberlo evitado, si hubiesen tomado las decisiones correctas río arriba.

¿Le suena familiar esta historia? Mucha gente, que no ha querido decidir qué hacer con su vida, optan por tomar la actitud de víctimas: por todo se quejan y se dejan arrastrar por la corriente del conformismo, dejando así que otros decidan por ellos, por no asumir responsabilidades y suelen decir frases como:

• "La cosa está difícil, no se consigue trabajo"
• "Más vale lo malo conocido, que lo bueno por conocer"
• "Para qué trabajar tanto, si los ricos ya están contados"
• "Este trabajo no sirve, es más lo que lo explotan ahí"
• "Los políticos son unos corruptos, no hay nada que se pueda hacer"

Si cada persona asumiese su cuota de responsabilidad, nuestro mundo fuese diferente. Antes de quejarse y lamentarse estarían contentos y agradecidos. Conozco personas que procediendo de familias de escasos recursos lograron construir grandes empresas, y por ende, un gran capital.

¿SABÍA USTED QUE EL 80 % DE LOS NUEVOS RICOS DE E.E.U.U. PROCEDEN DE FAMILIAS DE CLASE MEDIA O BAJA?

No permita que otros decidan por usted: cambie su percepción de vida y cambiará su entorno.
• Cambie el "La cosa está difícil, no se consigue trabajo", por "Me gustaría ese trabajo, ¿qué pasos debo dar para conseguirlo?".
• Cambie el "Más vale lo malo conocido, que lo bueno por conocer", por "Aun cuando esta es mi realidad, por ahora, ¿qué puedo hacer para emprender algo diferente y más prometedor?".

- Cambie el "Para qué trabajar tanto, si los ricos ya están contados", por "¿Qué estoy haciendo mal, que no puedo ahorrar ni el 20 % de mi salario? ¿Cómo puedo incrementar mis ingresos?".
- Cambie el "Este trabajo no sirve, es más lo que lo explotan ahí", por "¿Estoy seguro que en este trabajo se me va a dar la oportunidad que siempre soñé?".
- Cambie el "Los políticos son unos corruptos, no hay nada que se pueda hacer", por "¿Cómo puedo involucrarme más en las actividades cívicas del sistema en el que vivo? ¿Aprenderé a elegir bien y no solamente a emitir mi voto en las elecciones? Haré todo lo que esté en mis manos para cambiar la situación de mi país".

Una actitud correcta, acompañada de decisiones sabias, es lo que se necesita para cambiar cualquier situación que se presente, sin importar qué tan complicada esta sea: es nuestra forma de decidir la que puede marcar una diferencia entre el fracaso o el éxito futuro.

Alguien dijo: "La mayoría de nuestras equivocaciones en la vida nacen de que, cuando debemos pensar, sentimos, y cuando debemos sentir, pensamos".

Si quiere tomar decisiones correctas, primero debe entender el proceso que hay detrás de la toma de decisiones.

Existe la creencia de que algunas de las decisiones que tomamos deben de ser tomadas por la lógica, como por ejemplo, decidir qué carrera universitaria estudiar, o qué trabajo escoger, mientras que otras decisiones se toman desde el corazón o por sentimientos, como por ejemplo, escoger con quién me casaré, o decidir si alguien me gusta o no, con base en su apariencia física. En realidad, el saber tomar decisiones correctas es algo más complejo de lo que se puede imaginar. De no ser así, seguramente estaríamos mejor ahora de lo que realmente estamos. Seguramente no nos hubiésemos equivocado tantas veces, y también nos hubiésemos evitado muchos dolores de cabeza.

Algunos expertos afirman que el 95 % de las decisiones que tomamos son emocionales. Si este dato fuese cierto, y la mayoría de nuestras decisiones se toman con base en las emociones, entonces surge la siguiente pregunta: ¿cuáles son los factores que determinan o condicionan nuestras decisiones?

Hay factores que influyen en la toma de decisiones como los factores emocionales, racionales y algunos factores externos. Algunas veces la parte racional tiene más peso que la emocional, y en otras sucede lo contrario. Otras veces es lo externo, lo visual, o sea, el entorno el que más condiciona nuestras decisiones.

La cuestión entonces es: ¿Cómo interpretar correctamente los factores emocionales, racionales y visuales para tomar las mejores decisiones?

Leyendo algo sobre la importancia de cómo tomar decisiones correctas, me encontré con esta nota. Se dice que existen más de 100,000 libros en Amazon que hablan del tema de las emociones, y seguramente cada uno de ellos difiere en su interpretación del tema, ya que la parte emocional es diferente, dado a que cada persona es diferente.

Daniel Goleman, en su libro *Inteligencia Emocional*, explica de manera clara la importancia de saber gestionar nuestras emociones, para tomar las decisiones adecuadas tanto en la vida personal como en el trabajo. Se dice que este libro fue el primero en poner de manifiesto que el éxito de una persona no depende tanto de su coeficiente intelectual, sino de la inteligencia emocional. El saber controlar sus emociones le estaría asegurando que mañana no tendrá tantas cosas de qué arrepentirse, ya que las decisiones que tenga que tomar no estarán basadas en emociones solamente.

¿QUÉ ES LA INTELIGENCIA EMOCIONAL? Se dice que la inteligencia emocional es la capacidad de controlar las emociones e impulsos, como también el poder entender

las limitaciones que estas le imponen a la hora de tomar decisiones.

Según Daniel Goleman: "Las personas con una alta inteligencia emocional o control emocional, tienen un alto grado de conciencia de sí mismos o de lo que quieren, comprenden sus emociones y no dejan que estas les dominen. Son capaces de juzgar sus fortalezas y sus debilidades, como también trabajar aquellas áreas que necesitan mejorar".

Poseer inteligencia emocional significa ser capaz de controlar sus emociones e impulsos, y entender las limitaciones que estas le imponen a la hora de tomar decisiones.

UNA PERSONA CON INTELIGENCIA EMOCIONAL ES AQUELLA QUE ES SEGURA DE SÍ MISMA, SABE CUÁNDO SE DEBE DECIR NO, ES VISIONARIA Y SE TRAZA PROYECTOS MIRANDO A LARGO PLAZO.

¿QUÉ HACER PARA TOMAR DECISIONES CORRECTAS?

1. Nunca tome decisiones cuando esté bajo extrema presión
2. Consulte a alguien que le pueda orientar antes de decidir
3. Evalué los pro y contras antes de decidir
4. Controle sus emociones
5. Evite las comparaciones
6. Defina su objetivo antes de decidir

Controle sus emociones, busque ayuda de quienes ya cruzaron el camino que usted está recorriendo ahora, sea un poco más pragmático y menos confesionalista a la hora de tomar decisiones.

No ignore las circunstancias y el medio que le rodea: más que una intuición, la razón también suele hablar; esto implica que no siempre tiene que ser ignorada a la hora de tomar decisiones, porque: "La mayoría de nuestras equivocaciones en la vida nacen de que, cuando debemos pensar, sentimos, y cuando debemos sentir, pensamos".

Aun cuando ninguna decisión nos garantiza que sus resultados serán tal y como lo planificamos, porque no hay forma de predecir sus consecuencias exactas, no podemos cruzarnos de brazos y no decidir. De hecho, el no decidir ya es una elección. Aun cuando en la vida se haya equivocado a causa de las decisiones que ha tenido que tomar, no se culpe, pero asuma la responsabilidad correspondiente. Siga adelante, no se rinda, siga creyendo en sus sueños, porque si es capaz de pensarlo y creerlo, seguramente también será capaz de realizarlo.

Compartir algunas de mis experiencias personales, ha tenido como objetivo final poder contribuir con usted, quien como lector seguramente se ha trazado metas personales y trabaja en la realización de estas. También es mi deseo poder aportarle, a través de mis experiencias, una dosis adicional de fe y esperanza, y a la vez motivarle a que vea lo que ahora no es como si ya fuese. A que piense y crea que la realidad no es más que el hecho verídico de algo, no es una verdad absoluta. La verdad es que en la medida que usted crea y trabaje en lo que cree, puede estar seguro de que sus mejores días están por venir, sus momentos más emotivos aún no se han manifestado y que sus mayores logros están por suceder.

SU FINAL NO HA LLEGADO, Y SI CREES QUE PUEDES, PODRÁS.

DIOS TE BENDIGA.

www.ingramcontent.com/pod-product-compliance
Lightning Source LLC
Chambersburg PA
CBHW061511050726
47593CB00002B/525